# DAS ALLES-CHILE-KOCHBUCH

Entdecken Sie die reichhaltige und würzige Welt von Chile mit diesen köstlichen 100 Rezepten mit Rindfleisch, Huhn, vegetarisch, vegan und mehr

Elise Schulze

Urheberrechtliches Material ©2023

Alle Rechte vorbehalten

Ohne die entsprechende schriftliche Zustimmung des Herausgebers und Urheberrechtsinhabers darf dieses Buch in keiner Weise, Form oder Form verwendet oder verbreitet werden, mit Ausnahme kurzer Zitate in einer Rezension. Dieses Buch sollte nicht als Ersatz für medizinische, rechtliche oder andere professionelle Beratung betrachtet werden.

# INHALTSVERZEICHNIS

**INHALTSVERZEICHNIS** ........................................................... **3**
**EINFÜHRUNG** .................................................................. **6**
1. Weiße Chili .................................................................. 7
2. Eintopf-Puten-Chili-Mac ...................................................... 9
3. Herzhaftes Kürbis-Chili ..................................................... 11
4. Wild-Chili .................................................................. 13
5. Puten-Chili-Kuchen mit Polenta-Topping ...................................... 16
6. Chili-Süßkartoffelgratin .................................................... 18
7. Tomaten-Chili mit Taco-Nuss-Fleisch ......................................... 20
8. Bohnen- und Hühnchen-Chili .................................................. 22
9. Wildreis-Chili-Dip .......................................................... 24
10. Chili con Carne ............................................................ 26
11. Jamaikanische Kürbissuppe .................................................. 28
12. Lagniappe-Chili ............................................................ 31
13. Gungo-Erbsensuppe .......................................................... 34
14. Mais- und Garnelensuppe .................................................... 36
15. Braunschweiger Eintopf ..................................................... 39
16. Bohnen- und Reissuppe ...................................................... 41
17. Reissuppe .................................................................. 43
18. Gebackenes Gemüse-Gumbo-Creole ............................................. 45
19. Jambalaya mit roten Bohnen ................................................. 48
20. Rote Bohnen und Reis ....................................................... 50
21. Instant-Pot-Bohnen und Pilz-Gumbo .......................................... 52
22. Gumbo Z'Herbes ............................................................. 54
23. Mischkorn-Chili ............................................................ 57
24. Rote Bohnen und Bulgur-Chili ............................................... 59
25. Weiße Bohnen, Truthahn und Wurst-Chili ..................................... 61
26. Schwarze Bohnensuppe ....................................................... 64
27. Rote Bohnensuppe ........................................................... 67
28. Instant Pot Quinoa Chili ................................................... 69
29. Chili-Ramen-Auflauf ........................................................ 71
30. Lagerfeuer-Chili ........................................................... 73
31. Maisbrot auf Chili ......................................................... 75
32. Enchilada-Auflauf .......................................................... 77
33. Schweinefleisch-Chili im Crockpot .......................................... 79
34. Schlankheitssuppe mit Hühnchen und Bohnen .................................. 81
35. Schweinefleisch-Posole ..................................................... 84
36. Mozzarella-Chili-Auflauf ................................................... 87
37. Schweinefleisch und Paprika-Chili .......................................... 89
38. Crockpot-Hühner-Taco-Suppe ................................................. 91

39. Bohnen-Chii mit Seemoos ... 93
40. Chili-Hähnchen in Kokosmilch ... 95
41. One-Pot Turkey Chili Mac ... 97
42. Eintopfnudeln und Fagioli ... 99
43. Szechuan-Rindfleisch-Nudelbrühe-Suppe ... 101
44. Karibische Hühner-Gemüsebrühe-Suppe ... 104
45. Schinken-Bohnenbrühe-Suppe ... 107
46. Bohnen- und Brokkoli-Chili ... 109
47. Chilighetti ... 111
48. Mango-Bohnen-Frühstücks-Burrito-Bowl ... 113
49. Langkornreis und Pintobohnen ... 115
50. Limettenhähnchen mit in Eiern gebratenem Langkornreis ... 117
51. Langkornreis Hoppin' John ... 120
52. Mexikanisch inspirierte Pintobohnen und Reis ... 122
53. Pintobohnen und Reis mit Koriander ... 124
54. Spanische Pintobohnen und Reis ... 127
55. Eintopf-Reis und Bohnen ... 130
56. Südliche Pintobohnen und Reis ... 132
57. Pintobohnen und Reis und Wurst ... 134
58. Gallopinto ... 137
59. Bohnensauce und Tomaten auf Reis ... 140
60. Cajun-Pintobohnen ... 143
61. Reis und Bohnen mit Käse ... 145
62. Pintobohnen und Safranreis ... 147
63. Taco-Gewürzreis mit Pintobohnen ... 149
64. Indischer Kürbisreis und Bohnen ... 151
65. Mexikanische Cowboybohnen ... 153
66. Karibisches Fest ... 156
67. Jamaican Jerk Jackfruit & Bohnen mit Reis ... 160
68. Reispilaf mit Bohnen, Früchten und Nüssen ... 163
69. Cha-Cha-Cha-Bowl mit Bohnen und Reis ... 165
70. Rübenpfanne mit Bohnen ... 167
71. Reis mit Lamm, Dill und Bohnen ... 169
72. Käsige Pintobohnen ... 172
73. Reis und Bohnen mit Basilikumpesto ... 174
74. Flanksteak mit schwarzen Bohnen und Reis ... 176
75. Afrikanischer Reis und Bohnen ... 179
76. Bohnen- und Reissuppe ... 181
77. Chili con Carne ... 183
78. Klassisches Drei-Bohnen-Chili ... 185
79. Quinoa-Chili ... 187
80. Würziges Chili aus schwarzen Bohnen ... 189

81. Rauchiges Chipotle-Süßkartoffel-Chili ........................ 191
82. Linsen-Chili ........................................................... 193
83. Reissuppe .............................................................. 195
84. Klassisches Chili .................................................... 197
85. Truthahn und weiße Bohnen-Chili ........................... 199
86. Butternusskürbis und schwarze Bohnen-Chili .......... 201
87. Slow Cooker Hühnchen und schwarze Bohnen-Chili ... 203
88. Quinoa und schwarze Bohnen-Chili ........................ 205
89. Rindfleisch-Bohnen-Chili ........................................ 207
90. Linsen- und schwarze Bohnen-Chili ........................ 209
91. Schweinefleisch und weiße Bohnen-Chili ................ 211
92. Truthahn-Bohnen-Chili ........................................... 213
93. Süßkartoffel und schwarze Bohnen-Chili ................. 215
94. Rindfleisch und Speckbohnen-Chili ........................ 217
95. Butternusskürbis und Kichererbsen-Chili ................ 219
96. Hühnchen und weiße Bohnen-Chili mit Limette ....... 221
97. Rindfleisch-Bohnen-Chili mit Bier ........................... 223
98. Marokkanisches Lamm-Chili .................................. 225
99. Irisches Lamm-Chili ............................................... 227
100. Frucht-Chili-Suppe ............................................... 229

# ABSCHLUSS ........................................................ **231**

# EINFÜHRUNG

Chili ist das ultimative Wohlfühlessen – es ist warm, würzig und immer sättigend. Egal, ob Sie Ihr Chili mild oder scharf, mit Bohnen oder ohne bevorzugen, für jeden ist ein Rezept dabei.

Wir freuen uns, Ihnen in diesem Kochbuch 100 köstliche und einzigartige Chili-Rezepte vorzustellen, die Sie mit Sicherheit beeindrucken werden. Von klassischem Rindfleisch-Chili bis hin zu vegetarischen Optionen wie Süßkartoffel- und Schwarzbohnen-Chili – wir haben für jeden etwas dabei.

Unsere Rezepte sind einfach zu befolgen, mit Schritt-für-Schritt-Anleitungen und hilfreichen Tipps, um sicherzustellen, dass Ihre Gerichte jedes Mal perfekt gelingen. Außerdem geben wir Ihnen einige Hintergrundinformationen zu Chili und seiner Geschichte sowie Tipps zum Beherrschen der einzigartigen Aromen und Techniken, die dieses Gericht so besonders machen.

Begleiten Sie uns auf dieser Reise und entdecken Sie die Kunst des Chilis. Mit unseren 100 Rezepten können Sie Ihren Gaumen aufwärmen und Ihre Freunde und Familie mit Ihren Kochkünsten beeindrucken.

In diesem Kochbuch finden Sie:

- ✓ Klassische Rindfleisch-Chili-Rezepte
- ✓ Chili-Rezepte für Hühnchen, Truthahn und Schweinefleisch
- ✓ Vegetarische und vegane Chili-Rezepte
- ✓ Chili-Rezepte mit und ohne Bohnen
- ✓ Einzigartige Variationen traditioneller Favoriten
- ✓ Tipps zur Perfektionierung der Chili-Kochtechniken
- ✓ Informationen zur Chili-Geschichte und -Kultur
- ✓ Leckere Fotos von jedem Gericht

Und so viel mehr! Egal, ob Sie Ihre Gäste beeindrucken oder einfach nur herzhafte und würzige Gerichte genießen möchten, dieses Kochbuch ist genau das Richtige für Sie.

1. **<u>Weisser Chili</u>**

**ZUTATEN:**
- 1 Esslöffel Kokosöl
- 1 mittelgroße Zwiebel, gehackt
- 3 Knoblauchzehen, zerdrückt
- 1 (4 oz) Dose gehackte grüne Chilischoten
- 8 Unzen Pilze, in Scheiben geschnitten
- 2 Teelöffel gemahlener Kreuzkümmel
- 1 Teelöffel getrockneter Oregano
- 4 Tassen Hühnerknochenbrühe (2 Kartons)
- 4 Tassen gekochter Truthahn, gewürfelt
- 2 (15-oz) Dosen weiße Bohnen (Great Northern, Cannellini oder Kichererbse)
- 1 Tasse geriebener Monterey-Jack-Käse
- Frische Petersilienblätter zum Garnieren

**ANWEISUNGEN:**
a) Das Öl in einem großen Topf bei mittlerer Hitze erhitzen.
b) Zwiebel und Knoblauch hinzufügen. Langsam kochen, bis es duftet.
c) Grüne Chilischoten, Pilze, Kreuzkümmel und Oregano untermischen. Kochen Sie weiter und rühren Sie die Mischung etwa 3 Minuten lang um, bis sie weich ist.
d) Knochenbrühe, Truthahn und weiße Bohnen hinzufügen. 15 Minuten köcheln lassen, dabei gelegentlich umrühren.
e) Chili anrichten. Käse hinzufügen und mit Petersilienblättern garnieren. Genießen!

## 2. Eintopf-Puten-Chili-Mac

## ZUTATEN:

- 1 Esslöffel Kokosöl
- 1 Pfund gemahlener Truthahn
- ½ Teelöffel koscheres Salz
- ¼ Tasse Zwiebel, gewürfelt
- 2 Stangen Sellerie, gewürfelt
- ½ Tasse Paprika, gewürfelt
- 4 Tassen Hühnerknochenbrühe (2 Kartons)
- 1 (16-oz) Glas mitteldicke und stückige Salsa
- 1 (15-16 oz) Dose natriumreduzierte rote Kidneybohnen, abgetropft
- 1 (1,25 oz) Päckchen Chili-Gewürzmischung
- 8 Unzen Ellenbogen-Makkaroni
- 2 Unzen Cheddar-Käse, gewürfelt
- 1 (8 oz) Dose Tomatensauce ohne Salzzusatz
- Petersilienblätter zum Garnieren

## ANWEISUNGEN:

a) Öl in einem großen Topf auf mittlerer bis hoher Stufe erhitzen. Putenhackfleisch in die Pfanne geben und mit Salz würzen. 3-4 Minuten kochen lassen, dabei das Fleisch mit dem Spatel zerkrümeln.

b) Zwiebel, Sellerie und Paprika hinzufügen und weitere 2 Minuten kochen, bis der Truthahn gar ist. Brühe, Salsa, Bohnen und Gewürzmischung hinzufügen. Zum Kochen bringen.

c) Nudeln einrühren; 8 Minuten kochen lassen, dabei gelegentlich umrühren. In der Zwischenzeit den Käse in kleine Würfel schneiden. Tomatensauce einrühren und noch 1 Minute kochen lassen. Das Chili mit Käse und Petersilie servieren.

3. **Herzhaftes Kürbis-Chili**

Ergibt: 4 Portionen

**ZUTATEN:**
- 2 Esslöffel Öl
- 1 große Zwiebel, gehackt
- 15 Unzen Dose Bohnen
- 2 Knoblauchzehen
- 15 Unzen Dose ganzer Maiskorn, abgetropft und abgespült
- 1 Esslöffel Chilipulver
- 15 Unzen Dose gewürfelte Tomaten mit Saft
- 1 Teelöffel gemahlener Kreuzkümmel
- 15 Unzen Dose Kürbispüree
- ½ Teelöffel schwarzer Pfeffer
- 1 ½ Tassen Wasser oder Brühe
- 1 Teelöffel Salz

**ANWEISUNGEN:**
a) Bohnen und Mais in einem Sieb abspülen und abtropfen lassen.
b) Öl in einem großen Topf bei mittlerer bis hoher Hitze erhitzen. Zwiebeln hinzufügen.
c) Unter häufigem Rühren kochen, bis es weich ist.
d) Knoblauch hinzufügen. Unter ständigem Rühren 1 Minute kochen lassen.
e) Tomaten und deren Säfte, Kürbis, Wasser, Chilipulver, Kreuzkümmel, Knoblauch-/Zwiebelpulver, Salz und Pfeffer hinzufügen. Zum Kochen bringen. Reduzieren Sie die Hitze auf niedrig. Bohnen und Mais hinzufügen.
f) Abdecken und unter Rühren 15–20 Minuten kochen lassen.

4. <u>**Venison Chili**</u>

**ZUTATEN:**
- ½ Pfund Pinto- oder rote Bohnen
- 4 Pfund. grob gehacktes Wildbret (Hals, Flanke, Teller, Bruststück, rund, Hinterteil, Haxe) 1½ t. Kreuzkümmelsamen
- ½c. gehackter Talg oder Schweinebauch, in Julienne-Streifen geschnitten
- 6 große Zwiebeln, gehackt
- 2-4 Knoblauchzehen, gehackt
- 1 t. Oregano
- 3 T. frisches Chilipulver
- 1 große Dose italienische geschälte Tomaten
- 1 kleine Dose grüne Chilis
- Salz und Pfeffer
- Prise Tabasco-Sauce (optional)
- 2 T. Instant Masa Harina oder Polenta

**ANWEISUNGEN:**

a)   Die Bohnen waschen, mit frischem, kaltem Wasser bedecken, zum Kochen bringen und 2 Minuten köcheln lassen; fest abgedeckt 1 Stunde stehen lassen. Bereiten Sie Fleisch vor (Schmorfleisch ist am besten, wenn es fettfrei ist), indem Sie es in 2,5 cm große Würfel schneiden.

b)   Geben Sie die Kreuzkümmelsamen bei mittlerer Hitze in eine Pfanne und halten Sie sie in Bewegung, bis sie rauchen und eine toastfarbene Farbe annehmen. Anschließend auf einer ebenen Fläche verteilen und mit einem Nudelholz zerdrücken. Nun den Talg oder Sauerbauch in einer großen Pfanne schmelzen; Sie können so viel Pflanzenöl oder anderes Backfett verwenden, dass der Boden der Pfanne bedeckt ist, aber Sie verlieren dadurch den Fleischgeschmack.

c)   Sobald das Fett ausgelaufen ist oder zu brutzeln beginnt, fügen Sie nach und nach einige Fleischstücke hinzu und braten Sie sie an, indem Sie die Würfel wenden, um sie von allen Seiten abzudichten.

d)   Reduzieren Sie die Hitze, fügen Sie Zwiebeln und Knoblauch hinzu und rühren Sie gelegentlich um, bis die Zwiebeln glasig sind.

Fügen Sie getrocknete Kreuzkümmelsamen, Oregano und das frischeste Chilipulver hinzu, das Sie bekommen können; Umrühren, um das Fleisch mit Gewürzen zu bestreichen, Tomaten und grüne Chilischoten hinzufügen und zum Sieden bringen, dann die Hitze reduzieren und köcheln lassen.

e)   Bringen Sie die eingeweichten Bohnen erneut zum Kochen und lassen Sie sie fast unmerklich sprudeln, bis sie weich sind – je nach Bohnenart 30 Minuten bis eine Stunde.

f)   Achten Sie in der Zwischenzeit darauf, dass die Fleischmischung nicht zu trocken wird. Geben Sie bei Bedarf Wasser oder Brühe hinzu, um eine eher flüssige Konsistenz zu erhalten. Probieren Sie es zum Würzen aus, fügen Sie bei Bedarf Salz und Pfeffer hinzu und fügen Sie je nach Geschmack eine Prise Tabasco hinzu.

g)   Nach etwa 1½ Stunden (die Zeit hängt von der Qualität und Zähigkeit der Wildstücke ab) probieren Sie das Fleisch; Wenn es zart ist, überschüssiges Fett abschöpfen – oder über Nacht in den Kühlschrank stellen, damit das Fett gerinnen und sich leichter entfernen lässt. Zur Verdickung Masa Harina hinzufügen.

h)   Dann das Chili mit den gekochten Bohnen vermischen, wieder auf den Siedepunkt bringen und die Aromen weitere 30 Minuten verschmelzen lassen.

## 5. Puten-Chili-Kuchen mit Polenta-Topping

Macht: 8

**ZUTATEN:**
- 6 Esslöffel Rapsöl
- ¾ Tasse Allzweckmehl
- 2 Teelöffel Backpulver
- 1 Ei, geschlagen
- 1 Zwiebel, gehackt
- ¾ Tasse feine Polenta
- 2 Knoblauchzehen, gehackt
- 1½ Teelöffel koscheres Salz
- Kochspray
- 2 (14,5 Unzen) Dosen feuergeröstete Tomaten, nicht abgetropft
- 1½ Pfund mageres Truthahnhackfleisch
- 4 Unzen scharfer Cheddar-Käse, gerieben
- 1 Tasse ungesalzene Hühnerbrühe
- 2 Esslöffel Chilipulver
- Frische Korianderblätter
- 15-Unzen-Dose schwarze Bohnen, abgetropft und abgespült
- ¾ Tasse 2 % fettarme Milch

**ANWEISUNGEN:**
a) In einer Pfanne 2 Esslöffel Öl erhitzen.
b) Den Truthahn und die Zwiebeln dazugeben und etwa 7 Minuten lang anbraten, bis sie gebräunt sind.
c) Knoblauch, Chilipulver und 1 Teelöffel Salz hinzufügen und etwa 1 Minute lang köcheln lassen.
d) In einen mit Kochspray eingesprühten Crockpot geben.
e) Tomaten, Brühe und Bohnen untermischen, bis alles gut vermischt ist.
f) Backpulver, Mehl, Polenta und restliches Salz sieben.
g) Ei, Milch, Käse und restliches Rapsöl hinzufügen, um einen Teig zu erhalten.
h) Gießen Sie den Polenta-Teig über die Putenmischung im Slow Cooker. 4 Stunden und 30 Minuten kochen lassen.

## 6. Chili-Süßkartoffelgratin

Ergibt: 6 Portionen

**ZUTATEN:**
- 2 Dosen (10 Unzen) milde Enchiladasauce (2 Tassen)
- 1 Tasse Wasser
- 2 große Knoblauchzehen
- Nelken; gehackt und zu einer Paste püriert
- 5 große Süßkartoffeln; (ungefähr 3 1/2 Pfund)
- 1⅓ Tasse grob geriebener Monterey-Jack-Käse; (ungefähr 6 Unzen)

**ANWEISUNGEN:**
a) Ofen auf 375F vorheizen. In einem großen Topf Enchiladasauce, Wasser und Knoblauch mit Salz nach Geschmack köcheln lassen, dabei gelegentlich umrühren, 5 Minuten lang.
b) Kartoffeln schälen und quer in zentimeterdicke Scheiben schneiden. In einer 3-Liter-Auflaufform oder einer flachen Auflaufform ein Viertel der Kartoffeln in konzentrischen Kreisen schichten, leicht überlappen, und mit ⅓ Tasse Käse bestreuen. Die restlichen Kartoffeln und den Käse auf die gleiche Weise weiter schichten und mit dem Käse abschließen.
c) Gießen Sie die Soße langsam über die Kartoffeln, lassen Sie sie zwischen den Schichten durchsickern und backen Sie das Gratin in einer flachen Backform (es könnten Blasen entstehen) in der Mitte des Ofens 1 Stunde lang oder bis die Kartoffeln weich sind.
d) Das Gratin kann 2 Tage im Voraus zubereitet und gekühlt und abgedeckt werden.
e) Den Gratin zugedeckt im Ofen aufwärmen.

## 7. Tomaten-Chili mit Taco-Nuss-Fleisch

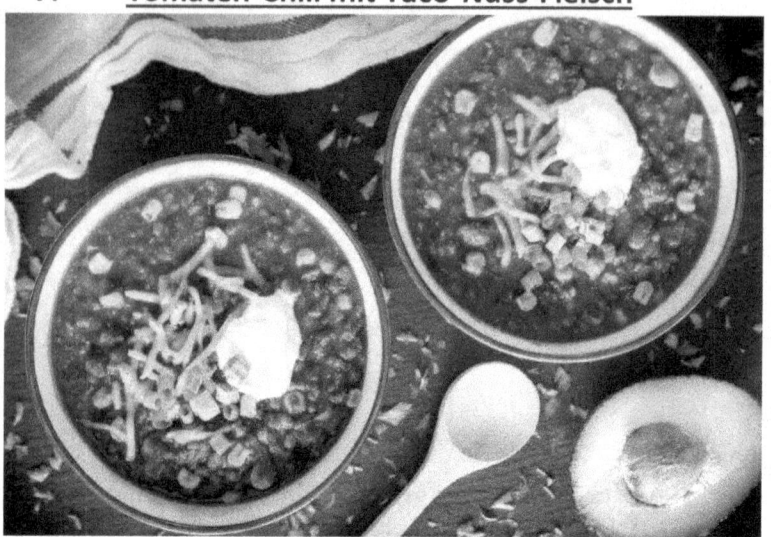

Ergibt: 4 Portionen

**ZUTATEN**

3 Tassen entkernte und gehackte Tomaten
1 Tasse entkernte und gehackte, gemischte rote und grüne Paprika
¼ Tasse gehackter Sellerie
¼ Tasse gehackte gelbe Zwiebel
1/3 Tasse gehackter Pilz (jede Art)
1/3 Tasse Maiskörner
1 Teelöffel gehackter Knoblauch
2 Teelöffel Chilipulver
1 Teelöffel gemahlener Kreuzkümmel
¾ Teelöffel getrockneter Oregano
¼ Teelöffel Meersalz
1 Rezept Taco-Nussfleisch

**ANWEISUNGEN**

Alle Zutaten in eine Rührschüssel geben und gut vermischen. Ein Drittel der Mischung in einen Hochleistungsmixer geben und pürieren. Geben Sie das Püree zurück in die Rührschüssel.

Zum Servieren auf vier Schüsseln verteilen. Jede Portion mit Taco-Nuss-Fleisch belegen und genießen.

## 8. Bohnen- und Hühnchen-Chili

Macht: 8-10

**ZUTATEN:**
- 1 Pfund Hähnchenbrust, ohne Knochen und ohne Haut
- 2 Esslöffel Olivenöl (extra vergine)
- 1 mittelgroße gewürfelte Zwiebel
- 2 Knoblauchzehen
- 2 Dosen (je 15 Unzen) weiße Bohnen, abgetropft und abgespült
- 1 Tasse frische oder gefrorene Maiskörner
- 1 4 Unzen können grüne Chilis hacken
- ⅛ Teelöffel Cayennepfeffer
- 3 Tassen Wasser
- 2 Tassen geriebener Monterey-Jack-Käse
- 2 Esslöffel frischer Koriander, gehackt
- 2 Teelöffel Chilipulver
- 2 Teelöffel gemahlener Kreuzkümmel

**ANWEISUNGEN:**
a) Das Hähnchen mit Salz und Pfeffer einreiben.
b) Das Öl in einer Pfanne bei starker Hitze erhitzen, dann die Hähnchenstücke hinzufügen und unter Rühren goldbraun braten.
c) Reduzieren Sie die Hitze und rühren Sie die Zwiebel und den Knoblauch unter.
d) Unter gelegentlichem Rühren 5-6 Minuten kochen lassen oder bis die Zwiebel glasig ist.
e) Bohnen, Mais, Paprika, Gewürze und Wasser hinzufügen.
f) Zum Kochen bringen, dann die Hitze reduzieren und ohne Deckel 1 Stunde kochen lassen.
g) Jede Portion mit einem Löffel Käse und etwas Koriander bestreuen.

## 9. Wildreis-Chili-Dip

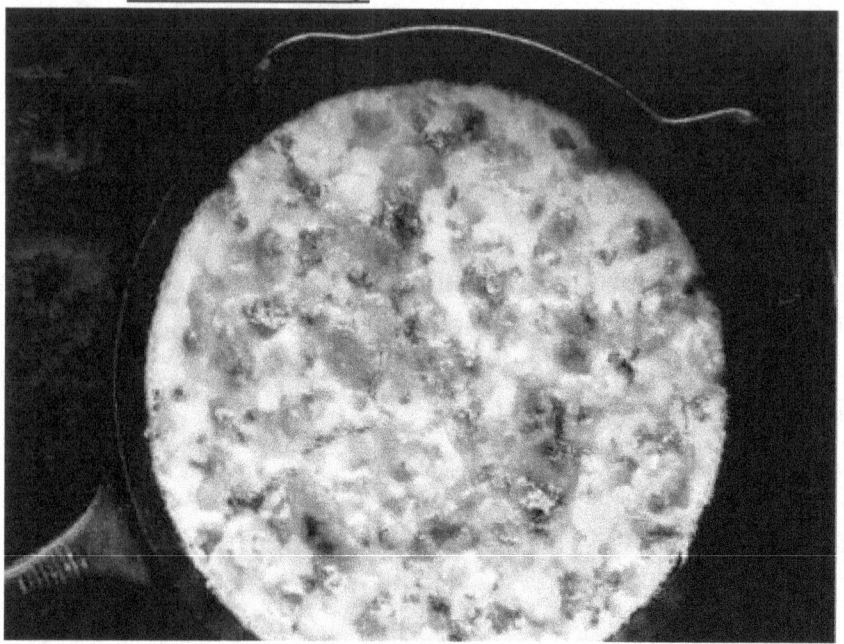

Ergibt: 4 bis 6 Portionen

**ZUTATEN:**
- 12 Unzen gekochte Linsen
- 1/4 Tasse hefefreie Gemüsebrühe
- 1/4 Tasse gehackte grüne Paprika
- 1/2 Knoblauchzehe, gepresst
- 1 Tasse gewürfelte Tomaten
- 1/4 Tasse gehackte Zwiebel
- 2 Unzen Frischkäse
- 1/2 Esslöffel Chilipulver
- 1/2 Teelöffel Kreuzkümmel
- 1/4 Teelöffel Meersalz
- Prise Paprika
- 1/2 Tasse gekochter Wildreis

**ANWEISUNGEN**

a) In einem kleinen Topf die Linsen und die Gemüsebrühe kochen.

b) Zwiebeln, Paprika, Knoblauch und Tomaten hinzufügen und 8 Minuten bei mittlerer Hitze kochen.

c) In einem Mixer Frischkäse, Chilipulver, Kreuzkümmel und Meersalz glatt rühren.

d) Den Reis, die Frischkäsemischung und die Linsengemüsemischung in einer großen Rührschüssel vermengen und gut vermengen.

## 10. Chili con Carne

## ZUTATEN:
- Hackfleisch/Rinderhackfleisch 500 g
- 1 große Zwiebel gehackt
- 3 Knoblauchzehen
- 2 Dosen gehackte Tomaten 400g
- Spritzer Tomatenpüree
- 1 Teelöffel Chilipulver (oder nach Geschmack)
- 1 Teelöffel gemahlener Kreuzkümmel
- einen Schuss Worcester-Sauce
- Mit Salz und Pfeffer bestreuen
- 1 gehackte rote Paprika
- 1 Dose abgetropfte Kidneybohnen 400 g

## ANWEISUNGEN:
a) Die Zwiebel in einer heißen Pfanne mit Öl anbraten, bis sie fast braun ist, dann gehackten Knoblauch hinzufügen
b) Das Hackfleisch hinzufügen und rühren, bis es braun ist. Falls gewünscht, überschüssiges Fett abtropfen lassen
c) Alle getrockneten Gewürze und Gewürze hinzufügen, dann die Hitze reduzieren und gehackte Tomaten hinzufügen
d) Gut umrühren, Tomatenpüree und Worcestershire-Sauce hinzufügen und etwa eine Stunde köcheln lassen (weniger, wenn Sie es eilig haben).
e) Die gehackte rote Paprika dazugeben und 5 Minuten weiter köcheln lassen, dann die Dose abgetropfter Kidneybohnen dazugeben und weitere 5 Minuten kochen lassen. Sollte die Chili irgendwann zu trocken werden, einfach etwas Wasser hinzufügen.
f) Mit Reis, Pellkartoffeln oder Nudeln servieren!

## 11. Jamaikanische Kürbissuppe

MACHT 4

**ZUTATEN:**
- 1 große Zwiebel, geschält und gehackt
- 1 Karotte, geschält und gehackt
- 1 Jalapeño, Pfeffer, Kerne entfernt, fein gehackt
- 3 Esslöffel Butter
- 2 Teelöffel gemahlener Kreuzkümmel
- 2 Teelöffel gemahlener Koriander
- ½ Teelöffel gemahlener Zimt
- ½ Teelöffel Cayennepfeffer
- ½ Teelöffel Chilipulver
- 1 großer Spaghettikürbis, geschält und gewürfelt
- Hühnerbrühe, um das Gemüse zu bedecken, etwa 3 Tassen
- Saft von 1 Orange
- Saft von 1 Limette

**ANCHO-CREME**
- 2 bis 3 Ancho-Chilis, halbiert, entstielt und entkernt
- 6 Esslöffel Mandelmilch
- 4 Esslöffel Sauerrahm
- Salz
- Pfeffer
- Limettensaft nach Geschmack

**ANWEISUNGEN:**
a) In einem großen, schweren Topf Zwiebeln, Karotten und Jalapenopfeffer in Butter anschwitzen, bis sie weich sind
b) Kreuzkümmel, Koriander, Zimt, Cayennepfeffer und Chilipulver hinzufügen
c) Weitere 2 Minuten bei schwacher Hitze kochen lassen
d) Kürbis hinzufügen
e) Die Mischung mit Brühe, dem Saft einer Orange und dem Saft einer Limette bedecken. Etwa eine halbe Stunde köcheln lassen, bis der Kürbis weich ist
f) Abkühlen lassen

g) Die Mischung im Mixer pürieren oder mit einem Stabmixer pürieren
h) Suppe zurück in die Pfanne geben, mit Salz und Pfeffer würzen
i) Nochmals erhitzen und bei Bedarf nachwürzen
j) Ancho-Creme unterrühren
k) Mit saurer Sahne, verdünnt mit etwas Sahne, garnieren
l) Geben Sie den Tupfer in die Mitte einer Suppenschüssel und ziehen Sie ihn mit einem Zahnstocher von der Mitte nach außen, sodass ein Stern oder ein Spinnennetz entsteht

## 12. Lagniappe-Chili

Ergibt: 40 Portionen

**ZUTATEN:**
- 1 Pfund getrocknete Pintobohnen
- 6 Liter Wasser oder Rinderbrühe
- 2 Lorbeerblätter
- 3 Unzen getrocknete Tomaten
- 1 Esslöffel Salbei
- 1 Teelöffel Oregano
- 3 Teelöffel Cayenne-Pulver
- 1 Esslöffel schwarze Senfkörner; geröstet
- 1 Esslöffel Kreuzkümmel; geröstet
- ½ Tasse Worcestershire-Sauce
- ½ Tasse Nuoc mam
- ¼ Tasse schwarzer Pfeffer
- ¼ Tasse scharfes Paprikapulver
- ¼ Tasse gemahlener Kreuzkümmel
- 4 große Chipotle-Paprikaschoten; in Stücke gerissen
- 2 große Jalapenopfeffer; gehackt
- 2 Pfund frische Tomaten; gehackt
- 1 Dose (28 oz) geschälte Tomaten; gehackt
- 12 Unzen Tomatenmark
- 2 Köpfe Knoblauch; gedrückt
- 2 große gelbe Zwiebeln; gehackt
- 4 Esslöffel Rapsöl
- 1 Pfund Kielbasa
- 3 Pfund Rinderhackfleisch
- 2 Esslöffel getrocknete Garnelen
- 1 Tasse geräucherte Austern
- ¼ Tasse Honig
- Salz nach Geschmack

**ANWEISUNGEN:**

a) Pintobohnen über Nacht einweichen. Am nächsten Morgen die Bohnen abtropfen lassen und die schwimmenden wegwerfen.

b) Wasser oder Rinderbrühe erhitzen, Pintos hinzufügen. Langsam zum Kochen bringen, Hitze reduzieren, Lorbeerblätter hinzufügen und zwei Stunden köcheln lassen. Während die Bohnen köcheln, geben Sie einen Esslöffel Kreuzkümmel und einen Esslöffel schwarze Senfkörner in eine kleine, trockene Bratpfanne. Stellen Sie die Hitze hoch und kochen Sie unter ständigem Rühren, bis die Samen *gerade* anfangen zu platzen. Sofort vom Herd nehmen und in einem Mörser oder einer Küchenmaschine zerstoßen. Reservieren.

c) Als nächstes fügen Sie alle trockenen Gewürze, Tomaten und Chipotle-Paprika zu den Bohnen hinzu. Gut umrühren. Worcestershire-Sauce und Nuoc Mam hinzufügen und umrühren. Vier Esslöffel Öl in eine große Pfanne geben, Zwiebeln und Jalapenopfeffer hacken und bei mittlerer Hitze braten, bis die Zwiebeln glasig sind. In den Chilitopf geben und umrühren. Ein Pfund Kielbasa in Scheiben schneiden, in der Pfanne anbraten und zum Chili geben. Jetzt drei Pfund Rinderhackfleisch anbraten und mit dem Spatel in mundgerechte Stücke schneiden. Vom Herd nehmen, abtropfen lassen und zum Chili geben.

d) Drücken Sie nun zwei Knoblauchzehen (ca. 25 Zehen) in die Chili. Getrocknete Garnelen und geräucherte Austern hinzufügen. Umrühren, zum Kochen bringen, auf mittlere Stufe köcheln lassen und abgedeckt weitere ein bis zwei Stunden kochen lassen, dabei gelegentlich umrühren. Etwa fünfzehn Minuten vor dem Servieren eine viertel Tasse Honig hinzufügen, umrühren und mit Salz abschmecken. Vom Herd nehmen und servieren.

## 13. Gungo-Erbsensuppe

MACHT 6-8

**ZUTATEN:**
- 2 Tassen (400 g) getrocknete Gungo- oder Straucherbsen
- 1 geräucherte Schinkenhaxe
- 2 mittelgroße Zwiebeln, in große Stücke geschnitten
- 2 Karotten, in große Stücke schneiden
- 1 Stange Sellerie, mit Blättern
- 2 Scotch Bonnet- oder Jalapeño-Chilis, entkernt und gewürfelt
- 1 Knoblauchzehe, gehackt
- 1 Lorbeerblatt
- 1 Teelöffel zerstoßene frische Rosmarinblätter oder ¼ Teelöffel zerstoßener getrockneter Rosmarin
- 1 Portion Spinner

**ANWEISUNGEN:**
a) Bereiten Sie die Spinner vor
b) Die Erbsen waschen und in eine Schüssel geben. Fügen Sie so viel Wasser hinzu, dass es bedeckt ist, und lassen Sie es über Nacht einweichen. Abtropfen lassen und beiseite stellen.
c) Geben Sie 6 Tassen Wasser in einen Suppentopf und fügen Sie Schinkenhaxe, Zwiebeln, Karotten, Sellerie, Chilis, Knoblauch, Lorbeerblatt und Rosmarin hinzu. Zum Kochen bringen, die Hitze reduzieren und 45 Minuten köcheln lassen. Die Brühe abseihen, die Schinkenhaxe auffangen und das Gemüse wegwerfen. Das Fett aus der Brühe abschöpfen.
d) Geben Sie die Brühe und die Schinkenhaxe zusammen mit den eingeweichten Erbsen wieder in den Suppentopf. Bei schwacher Hitze etwa 2 Stunden köcheln lassen, bis die Erbsen weich sind. Die Hälfte der Erbsen mit einem Schaumlöffel aus der Suppe nehmen und in einer Küchenmaschine pürieren.
e) Das Püree wieder in die Suppe geben.
f) Die vorbereiteten Spinner zur Suppe geben und erhitzen.

## 14. Mais- und Garnelensuppe

Ergibt 8 Portionen

**ZUTATEN:**
- 2 Pfund mittelgroße Garnelen in Schalen mit Köpfen
- 8 Ähren Mais
- 1 Stück Butter
- ½ Tasse Allzweckmehl
- 1 große Zwiebel, gehackt
- 3 Frühlingszwiebeln, gehackt, weiße und grüne Teile getrennt
- 1 grüne Paprika, gehackt
- 2 Selleriestangen, gehackt
- 1 Teelöffel gehackter Knoblauch
- 1 (10 Unzen) Dose original Ro-Tel-Tomaten und grüne Chilis
- Salz, frisch gemahlener schwarzer Pfeffer und kreolische Gewürze nach Geschmack
- ½ Pint Sahne
- 2 Esslöffel gehackte glatte Petersilie

**ANWEISUNGEN:**
a) Die Garnelen entköpfen, schälen und entdarmen und die Köpfe und Schalen in einen großen Topf geben. Stellen Sie die Garnelen im Kühlschrank beiseite.
b) Schneiden Sie mit einem sehr scharfen Messer die Körner von den Maiskolben ab und geben Sie sie in eine sehr große Schüssel. Schaben Sie mit einem stumpfen Tafelmesser die Maiskolben ab, um den gesamten Maissaft in die Schüssel zu geben. Beiseite legen.
c) Die Maiskolben mit den Garnelenschalen in den Topf geben. So viel Wasser hinzufügen, dass die Schalen und Kolben bedeckt sind, und zum Kochen bringen. Die Hitze auf mittlere Stufe reduzieren und 30 Minuten ohne Deckel köcheln lassen. Wenn die Brühe leicht abgekühlt ist, gießen Sie sie in einen großen Messbecher und entfernen Sie die Schalen und Kolben. Sie sollten 8 Tassen Brühe haben; Wenn nicht, fügen Sie so viel Wasser hinzu, dass 8 Tassen Flüssigkeit entstehen.
d) In einem großen, schweren Topf die Butter bei mittlerer Hitze schmelzen; Fügen Sie das Mehl hinzu und kochen Sie es unter

ständigem Rühren, bis die Mehlschwitze die Farbe von Butterscotch annimmt.

e) Die Zwiebel, die weißen Teile der Frühlingszwiebeln, die Paprika, den Sellerie und den Knoblauch hinzufügen und kochen, bis die Zwiebeln glasig sind. Die Tomaten dazugeben und nach und nach die Brühe einrühren. Mit Salz, Pfeffer und kreolischen Gewürzen würzen und zugedeckt etwa 15 Minuten köcheln lassen. Den Mais hinzufügen und weitere 10 Minuten kochen lassen. Fügen Sie die Garnelen hinzu und kochen Sie sie etwa 2 Minuten lang, bis sie rosa sind. Sahne, Frühlingszwiebeln und Petersilie hinzufügen. Zum Servieren vorsichtig erhitzen. Nicht kochen.

## 15. Braunschweig Stew

Ergibt: 8 BIS 10 PORTIONEN

**ZUTATEN:**
- 6 Tassen Hühnerbrühe
- 2 Tassen Slow Cooker BBQ Pulled Pork
- 2 Tassen gehacktes Hühnchen, gekocht
- 2 Tassen gefrorene oder trockene Limabohnen
- 3 mittelgroße rostrote Kartoffeln, geschält und gewürfelt
- 1 (14 Unzen) Dose gewürfelte Tomaten in Tomatensaft
- 1 große rote Zwiebel, gewürfelt
- 1½ Tassen gefrorene Erbsen und Karotten
- 1½ Tassen gefrorene Okraschoten
- 1 Tasse gefrorener Mais
- 1 Tasse Hickory-BBQ-Sauce
- 3 Knoblauchzehen, gehackt
- 2 Esslöffel Worcestershire-Sauce
- 2½ Teelöffel Gewürzsalz
- 1 Teelöffel gemahlener schwarzer Pfeffer
- ½ Teelöffel gemahlener Kreuzkümmel

**ANWEISUNGEN:**
a) Geben Sie alle Zutaten in einen 6-Liter-Slow-Cooker. Rühren, bis alles gut eingearbeitet ist. Setzen Sie den Deckel auf den Slow Cooker und stellen Sie die Hitze auf niedrige Stufe.
b) 5 Stunden kochen, dann servieren. Eventuelle Reste können in einem luftdichten Behälter im Kühlschrank bis zu 5 Tage aufbewahrt werden.

# 16. Bohnen- und Reissuppe

Macht: 4

**ZUTATEN:**
- 2 Tassen Hühnchen, gekocht und gewürfelt
- 1 Tasse Langkornreis, gekocht
- 2 15-Unzen-Dosen Pintobohnen, abgetropft
- 4 Tassen Hühnerbrühe
- 2 Esslöffel Taco-Gewürzmischung
- 1 Tasse Tomatensauce

**Belag:**
- Geriebener Käse
- Salsa
- Gehackter Koriander
- Gehackte Zwiebel

**ANWEISUNGEN:**

a) Alle Zutaten in einen mittelgroßen Suppentopf geben. Vorsichtig umrühren.

b) Bei mittlerer Hitze etwa 20 Minuten köcheln lassen, dabei gelegentlich umrühren.

c) Mit Toppings servieren.

## 17. Reissuppe

Macht: 4

**ZUTATEN:**
- 4 große Selleriestangen
- 3 große Karotten
- 1 mittelgroße weiße Zwiebel
- 1 Teelöffel getrockneter Thymian
- 1 Teelöffel getrocknete Petersilie
- 1 Teelöffel Knoblauchpulver
- 1 Teelöffel Salz
- ½ Teelöffel gemahlener Salbei
- 1 Esslöffel Kokos-Aminosäuren
- 4 Tassen Gemüsebrühe
- 2 Tassen Wasser
- 2/3 Tasse langkörniger weißer Reis
- 1 Dose Pintobohnen (15 oz. Dose)

**ANWEISUNGEN:**

a) Das Gemüse in mundgerechte Stücke schneiden oder würfeln.

b) Einen großen Topf auf den Herd stellen und mittlere Hitze einschalten. Besprühen Sie den Boden des Topfes mit Avocadoöl oder Olivenölspray. Gemüse hinzufügen.

c) Kochen Sie das Gemüse 3-4 Minuten lang.

d) Nach 3-4 Minuten Gewürze, Lorbeerblatt und Kokosnuss-Aminosäuren hinzufügen. Umrühren und noch 1-2 Minuten kochen lassen.

e) Während das Gemüse kocht, den Reis gut abspülen.

f) Fügen Sie eine halbe Tasse Gemüsebrühe hinzu und kratzen Sie den Boden/die Seite des Topfes ab, um alle braunen Stücke vom Boden zu entfernen.

g) Restliche Brühe, Wasser und Reis in den Topf geben. Umrühren und abdecken. Drehen Sie die Hitze auf hoch.

h) Sobald die Suppe kocht, reduzieren Sie die Hitze auf eine niedrige Stufe und kochen Sie sie 15 Minuten lang.

i) Während die Suppe kocht, die Bohnen abspülen und abtropfen lassen. Und fügen Sie sie der Suppe hinzu.

j) Kurz vor dem Servieren die Lorbeerblätter entfernen. Heiß servieren.

## 18. Gebackenes Gemüse-Gumbo-Creole

Ergibt: 10 Portionen

**ZUTATEN:**
1 Pfund frische Okra, Diag. geschnitten
2 Packungen gefrorene, geschnittene Okra (10 Unzen)
Kochendes Salzwasser
1 Rippensellerie, diagonal in Scheiben geschnitten
2 Paprika, in Streifen
2 Packungen gefrorene Limabohnen (10 Unzen)
8 Ähren frische Maiskörner
2 Packungen gefrorener Mais, aufgetaut (10 Unzen)
Butter oder Margarine
Semmelbrösel
1 kleine Zwiebel, gehackt
4 reife Tomaten, in Scheiben geschnitten
2 Serrano-Chilis, in dünne Scheiben geschnitten
1 Teelöffel gehackter frischer Basilikum
½ Teelöffel getrocknetes Basilikum, zerbröselt
Salz nach Geschmack
Schwarzer Pfeffer nach Geschmack
½ Tasse zerkleinerter Monterey Jack

**ANWEISUNGEN:**

a) Frische Okra kurz in kochendem Salzwasser kochen; Abfluss.

b) Sellerie in kochendem Salzwasser blanchieren.

c) Paprika und Limabohnen hinzufügen und kochen, bis sie gerade weich sind; Während der letzten 30 Sekunden Mais hinzufügen (nicht zu lange kochen) und dann das Gemüse abtropfen lassen.

d) Eine große Auflaufform mit Butter bestreichen und mit Semmelbröseln bestreuen; Fügen Sie eine Schicht Mais-Bohnen-Mischung und Okra hinzu.

e) Zwiebeln, Tomaten und Basilikum mischen; Eine Schicht Zwiebel-Tomaten-Mischung über die untere Schicht in der Schüssel geben.

f) Mit Chili bestreuen und mit Salz und Pfeffer würzen.

g) Mit Butter bestreichen und mit Semmelbröseln bestreuen.

h) Wiederholen Sie das Schichten, bis der Auflauf gefüllt ist.

i) Mit einer Schicht Okra belegen, die in Krümel getunkt und leicht in Butter angebraten wurde. Nach Belieben gleichmäßig mit geriebenem Käse bestreuen.

j) Ohne Deckel im vorgeheizten Ofen bei 300°C 1 Stunde lang backen.

## 19. Jambalaya aus roten Bohnen

Ergibt 4 Portionen

**ZUTATEN:**
- 1 Esslöffel Olivenöl
- 1 mittelgroße gelbe Zwiebel, gehackt
- 2 Sellerierippen, gehackt
- 1 mittelgroße grüne Paprika, gehackt
- 3 Knoblauchzehen, gehackt
- 1 Tasse Langkornreis
- 3 Tassen gekochte oder 2 (15,5 Unzen) Dosen dunkelrote Kidneybohnen
- 1 (14,5 Unzen) Dose gewürfelte Tomaten, abgetropft
- (14,5 Unzen) Dose zerkleinerte Tomaten
- (4 Unzen) Dose milde grüne Chilis, abgetropft
- 1 Teelöffel getrockneter Thymian
- 1/2 Teelöffel getrockneter Majoran
- 1 Teelöffel Salz
- Frisch gemahlener schwarzer Pfeffer
- 2 1/2 Tassen Gemüsebrühe
- 1 Esslöffel gehackte frische Petersilie zum Garnieren
- Tabasco-Sauce (optional)

**ANWEISUNGEN:**
a) In einem großen Topf das Öl bei mittlerer Hitze erhitzen. Zwiebel, Sellerie, Paprika und Knoblauch hinzufügen. Abdecken und ca. 7 Minuten kochen lassen, bis es weich ist.
b) Reis, Bohnen, gewürfelte Tomaten, zerdrückte Tomaten, Chilis, Thymian, Majoran, Salz und schwarzen Pfeffer nach Geschmack hinzufügen. Die Brühe hinzufügen, abdecken und etwa 45 Minuten köcheln lassen, bis das Gemüse weich und der Reis zart ist.
c) Mit Petersilie und ggf. einem Schuss Tabasco bestreuen und servieren.

## 20. <u>Rote Bohnen und Reis</u>

Ergibt 8–10 Portionen

**ZUTATEN:**
- 1 Pfund getrocknete Kidneybohnen
- 2 Esslöffel Pflanzenöl
- 1 große Zwiebel, gehackt
- 1 Bund Frühlingszwiebeln, gehackt, weiße und grüne Teile getrennt
- 1 grüne Paprika, gehackt
- 2 Selleriestangen, gehackt
- 4 Knoblauchzehen, gehackt
- 6 Tassen Wasser
- 3 Lorbeerblätter
- ½ Teelöffel getrockneter Thymian
- 1 Teelöffel kreolisches Gewürz
- 1 Schinkenknochen mit etwas Schinken darauf, vorzugsweise 2 Schinkenhaxen oder ½ Pfund Schinkenstücke
- Salz und frisch gemahlener schwarzer Pfeffer nach Geschmack
- 1 Pfund geräucherte Wurst, in ½ Zoll dicke Scheiben geschnitten
- 2 Esslöffel gehackte glatte Petersilie, plus mehr zum Servieren
- Gekochter weißer Langkornreis zum Servieren

**ANWEISUNGEN:**

a) Die Bohnen in einen großen Topf geben, mit Wasser bedecken, über Nacht einweichen und abtropfen lassen.

b) In einem großen, schweren Topf das Öl erhitzen und die Zwiebeln, die weißen Teile der Frühlingszwiebeln, die Paprika, den Sellerie und den Knoblauch anbraten.

c) In einer großen Pfanne die Wurst anbraten. Beiseite legen.

d) Bohnen, Wasser, Lorbeerblätter, Thymian, kreolische Gewürze und Schinken in den Topf geben und zum Kochen bringen. Die Hitze reduzieren, abdecken und 2 Stunden köcheln lassen, dabei gelegentlich umrühren und die Wurst 30 Minuten vor dem Ende des Garvorgangs hinzufügen.

e) Die Lorbeerblätter entfernen, die Petersilie unterrühren und in Schüsseln mit dem Reis servieren. Nach Belieben Schüsseln mit mehr Petersilie bestreuen.

## 21. Instant-Bohnen und Pilz-Gumbo

Macht: 4

**ZUTATEN:**
- 3 Knoblauchzehen, gehackt
- 1 Tasse Champignons, in Scheiben geschnitten
- 1 Tasse Kidneybohnen, über Nacht eingeweicht
- 1 Paprika, gehackt
- 2 Esslöffel Tamarisauce
- 2 mittelgroße Zucchini, in Scheiben geschnitten
- 2 Tassen Gemüsebrühe

**ANWEISUNGEN:**
a) Alle Zutaten in den Instanttopf geben und gut umrühren.
b) Den Topf mit dem Deckel verschließen und 8 Minuten lang auf höchster Stufe garen.
c) Lassen Sie den Druck 10 Minuten lang auf natürliche Weise ablassen und lassen Sie ihn dann mithilfe der Schnelllösemethode ab.
d) Gut umrühren und servieren.

## 22. Gumbo Z'Herbes

Ergibt 6 Portionen

- 1/4 Tasse Olivenöl
- 1 mittelgroße Zwiebel, gehackt
- 1 mittelgroße grüne Paprika, gehackt
- 1 Sellerierippe, gehackt
- 3 Knoblauchzehen, gehackt
- 1/4 Tasse Allzweckmehl
- 1 (14,5 Unzen) Dose gewürfelte Tomaten, abgetropft
- 1 Teelöffel getrockneter Majoran
- 1/4 Teelöffel gemahlener Cayennepfeffer
- 7 Tassen Gemüsebrühe
- 4 Tassen gehackter, frischer Blattspinat
- 4 Tassen gehackter Grünkohl
- 2 mittelgroße Bund Brunnenkresse, harte Stiele entfernt, gehackt
- 1 mittelgroßer Bund Chicorée
- Salz und frisch gemahlener schwarzer Pfeffer
- 1 1/2 Tassen gekocht oder 1 (15,5 Unzen) Dose dunkelrote Kidneybohnen, abgetropft und abgespült
- 1 Teelöffel Tabasco-Sauce oder nach Geschmack
- 1/2 Teelöffel Gumbo Filé-Pulver (optional)
- 3 Tassen heiß gekochter weißer Langkornreis

a) In einem großen Suppentopf das Öl bei mittlerer Hitze erhitzen. Zwiebel, Paprika, Sellerie und Knoblauch hinzufügen. Abdecken und ca. 10 Minuten kochen lassen, bis es weich ist.

b) Das Mehl einrühren und unter ständigem Rühren kochen, bis das Mehl eine bräunliche Farbe annimmt, etwa 10 Minuten. Tomaten, Majoran, Cayennepfeffer und Brühe einrühren und zum Kochen bringen.

c) Spinat, Grünkohl, Brunnenkresse und Chicorée hinzufügen. Die Hitze auf eine niedrige Stufe reduzieren, mit Salz und schwarzem Pfeffer abschmecken und unter gelegentlichem Rühren etwa 20 Minuten köcheln lassen, bis das Gemüse weich ist.

d) Bohnen, Petersilie und Tabasco hinzufügen und weitere 10 Minuten kochen lassen.

e) Falls gewünscht, Filé-Pulver einrühren und vom Herd nehmen.

f) Eine halbe Tasse Reis in jede flache Suppenschüssel geben, Gumbo über den Reis schöpfen und servieren.

## 23. Gemischtes Getreide-Chili

Macht: 12

**ZUTATEN:**
- 2 Esslöffel Olivenöl
- 2 Schalotten, gehackt
- 1 große gelbe Zwiebel, gewürfelt
- 1 Esslöffel frischer Ingwer, fein gerieben
- 8 Knoblauchzehen, zerdrückt
- 1 Teelöffel gemahlener Kreuzkümmel
- 3 Esslöffel rotes Pfefferpulver
- Salz
- Schwarzer Pfeffer
- 28-Unzen-Dose zerdrückte Tomaten
- 1 Chipotle-Pfeffer aus der Dose, gehackt
- 1 Serrano-Pfeffer, entkernt und gehackt
- 3 gehackte Frühlingszwiebeln
- ⅔ Tasse Bulgur
- ⅔ Tasse Graupen
- 2¼ Tassen gemischte Linsen, abgespült
- 1½ Tassen Kichererbsen aus der Dose

**ANWEISUNGEN:**
a) Erhitzen Sie das Öl in einer Pfanne bei starker Hitze und braten Sie die Schalotte und die Zwiebel darin 4-5 Minuten lang an.
b) 1 Minute mit Ingwer, Knoblauch, Kreuzkümmel und Chilipulver anbraten.
c) Mit Tomaten, Paprika und Brühe vermischen.
d) Alle Zutaten, außer der Frühlingszwiebel, zum Kochen bringen.
e) Auf niedrige Hitze reduzieren und 35 bis 45 Minuten garen, oder bis die gewünschte Dicke erreicht ist.
f) Heiß servieren und mit Frühlingszwiebeln bestreuen.

## 24. Rote Bohnen und Bulgur-Chili

Ergibt 4 Portionen

- 2 Esslöffel Olivenöl
- 1 mittelgroße rote Zwiebel, gehackt
- 1 mittelgroße rote Paprika, gehackt
- 3 Knoblauchzehen, gehackt
- 2 Esslöffel Chilipulver
- 1/2 Teelöffel getrockneter Oregano
- 1 (14,5 Unzen) Dose gewürfelte Tomaten, abgetropft
- 2 Tassen Tomatensalsa
- 3 Tassen gekocht oder 2 (15,5 Unzen) Dosen dunkelrote Kidneybohnen, abgespült und abgetropft
- 1 Tasse Wasser
- 1 Tasse Bulgur
- 1 (4 Unzen) Dose gehackte milde grüne Chilis, abgetropft

In einem großen Topf das Öl bei mittlerer Hitze erhitzen. Fügen Sie die Zwiebel und die Paprika hinzu, decken Sie das Ganze ab und kochen Sie es etwa 7 Minuten lang, bis es weich ist.

Knoblauch, Chilipulver und Oregano einrühren und ohne Deckel 1 Minute kochen, bis es duftet. Tomaten, Salsa, Bohnen, Wasser, Bulgur, Chilis und Salz hinzufügen.

Abdecken und unter gelegentlichem Rühren etwa 45 Minuten köcheln lassen, bis der Bulgur zart und das Chili dick und aromatisch ist. Sofort servieren.

## 25. Weiße Bohnen, Truthahn und Wurst-Chili

Ergiebigkeit: 6 Portionen

**Zutaten**
- 1 (1 Unze) Packung scharfe italienische Wurststücke
- 1 Esslöffel Olivenöl
- 2 Putenschnitzel, in mundgerechte Stücke geschnitten
- 1 Esslöffel gemahlener Kreuzkümmel
- 1 ½ Teelöffel Knoblauchpulver
- 1 Prise Salz und gemahlener schwarzer Pfeffer nach Geschmack
- 2 Zwiebeln, gehackt
- 8 Knoblauchzehen
- 4 (15 Unzen) Dosen weiße Kidneybohnen (Cannellini), abgespült und abgetropft
- 3 (10,75 Unzen) Dosen natriumarme Hühnerbrühe
- 1 Esslöffel gemahlener Kreuzkümmel
- 1 ½ Teelöffel Knoblauchpulver
- 2 Paprika Jalapenopfeffer, gehackt
- 2 Paprika, ganze Jalapenopfeffer

**Richtungen**

a) Den Ofen auf 350 Grad F (175 Grad C) vorheizen.
b) Wickeln Sie die Würste in Folie, legen Sie sie auf ein Backblech und backen Sie sie 30 Minuten lang.
c) Olivenöl in einer großen gusseisernen Pfanne bei mittlerer bis hoher Hitze erhitzen. Kochen Sie den Truthahn und rühren Sie ihn etwa 5 Minuten lang in heißem Öl, bis er gleichmäßig gebräunt ist.
d) Truthahn mit 1 Esslöffel Kreuzkümmel, 1 1/2 Teelöffel Knoblauchpulver, Salz und schwarzem Pfeffer würzen. Zwiebeln und Knoblauch zum Truthahn hinzufügen; Weiter kochen und rühren, bis die Zwiebel weich ist, 5 bis 7 Minuten.
e) Gießen Sie die weißen Kidneybohnen und die Hühnerbrühe hinzu. Mit 1 Esslöffel Kreuzkümmel und 1 1/2 Teelöffel Knoblauchpulver würzen. Bei mittlerer Hitze unter gelegentlichem Rühren 30 Minuten köcheln lassen.
f) Nach Belieben die gehackten Jalapenos und die ganzen Jalapenopfeffer untermischen.
g) Die Würstchen aus dem Ofen nehmen und in mundgerechte Stücke schneiden. Die Wurst unter die Chili rühren.
h) Kochen Sie das Chili noch etwa 15 Minuten, bis die ganzen Jalapenopfeffer zart und dickflüssig sind.

## 26. Schwarze Bohnensuppe

Ergibt: 8 Portionen

**ZUTATEN:**
- 4 Knoblauchzehen, gehackt
- 8 Unzen schwarze Bohnen, gewaschen und über Nacht eingeweicht
- 7 Tassen natriumarme Hühnerbrühe oder Wasser
- ½ Tasse flaches Bier
- ¾ Tasse dunkler Rum
- 2 Zwiebeln, gewürfelt
- 2 Esslöffel Butter oder Margarine
- 1 Tasse Sellerie, fein gehackt
- 1 grüne Paprika, entkernt und gewürfelt
- 1 rote Paprika, entkernt und gewürfelt
- 2 Chilischoten, entkernt und gehackt
- 2 Karotten, geschält und gewürfelt
- ½ Tasse zerdrückte Tomaten aus der Dose
- 1½ Esslöffel gemahlener Kreuzkümmel
- 1 Teelöffel rote scharfe Soße
- ½ Esslöffel Chilipulver
- ½ Teelöffel frisch gemahlener schwarzer Pfeffer
- ½ Teelöffel Salz
- ¼ Teelöffel Cayennepfeffer
- 1 Esslöffel frischer Koriander, gehackt

**ANWEISUNGEN**
a) Die schwarzen Bohnen abtropfen lassen und mit der Brühe, dem Bier, dem Rum, dem Knoblauch und der Hälfte der Zwiebeln in einen Topf geben.
b) Unter gelegentlichem Rühren 1½ Stunden bei schwacher Hitze kochen.
c) Bis zu 2 Tassen kochendes Wasser hinzufügen und 15 Minuten köcheln lassen.
d) Die Bohnenmischung in einer Küchenmaschine pürieren.

e) Butter in einer anderen Pfanne schmelzen. Die restlichen Zwiebeln zusammen mit Sellerie, Paprika und Karotten hinzufügen.
f) Das Gemüse 5 bis 7 Minuten lang anbraten, bis es zart, aber nicht matschig ist.
g) Das sautierte Gemüse, die zerdrückten Tomaten, die pürierte Mischung und die Gewürze in den Topf geben.
h) Unter gelegentlichem Rühren zum Kochen bringen und etwa 15 Minuten kochen lassen.
i) Sofort mit einem Klecks Sauerrahm oder Joghurt servieren.

## 27. Rote Bohnensuppe

Ergibt: 8 Portionen

**ZUTATEN**
- 1 Zwiebel, gehackt
- 2 Stangen Sellerie, gehackt
- 6 Serrano- oder Jalapeno-Chilis, gehackt
- 2 Tassen getrocknete Kidneybohnen
- ¼ Pfund gesalzenes Schweinefleisch
- 1½ Liter Wasser
- Salz und Pfeffer nach Geschmack

**ANWEISUNGEN**

a) Kombinieren Sie die Zutaten in einem Slow Cooker.
b) Zum Kochen bringen, dann die Hitze reduzieren und drei Stunden köcheln lassen.
c) Alles glatt rühren und dann abseihen.
d) Die Suppe heiß vom Herd servieren.

## 28. Instant Pot Quinoa Chili

Macht: 5

**ZUTATEN:**
- 1/2 Tasse ungekochter Quinoa
- 1 Esslöffel Chilipulver
- 1 mittelgroße Zwiebel, gewürfelt
- 1 Chipotle-Pfeffer in Adobo-Sauce, fein gehackt
- 1 Jalapeno, entkernt, gewürfelt
- 14 Unzen Kidneybohnen, abgetropft und abgespült
- 3 Knoblauchzehen, gehackt
- 2 Esslöffel Tomatenmark
- 2 Paprika, gewürfelt
- 28 Unzen Tomaten, gewürfelt
- 1 Teelöffel Oregano
- 1/2 Teelöffel Paprika
- 1 Teelöffel Kreuzkümmel
- 1 Tasse Gemüsebrühe
- Salz und Pfeffer nach Geschmack

**ANWEISUNGEN:**
a) Beginnen Sie damit, die Zutaten zusammen mit den Zwiebeln, Paprika, Knoblauchgewürzen und anderen Zutaten in den Instant-Topf zu schichten. Es besteht keine Notwendigkeit, es zu verwechseln.

b) Verschließen Sie den Deckel des Instant-Topfes und stellen Sie sicher, dass das Ventil auf „Seal" eingestellt ist.

c) Drücken Sie auf „Schnellkochen" und stellen Sie den Timer auf mindestens 5 Minuten ein. Sobald der Timer startet, lassen Sie den Druck etwa 10 Minuten lang auf natürliche Weise nachlassen. Wenn das Schwimmerventil dann noch nicht heruntergefallen ist, drehen Sie das Ventil vorsichtig auf Schnellverschluss, um den Druck aus dem Instant-Topf abzulassen.

d) Sobald das Schwimmerventil abfällt, können Sie den Deckel vorsichtig abnehmen.

e) Mit Salz und Pfeffer würzen und sofort servieren. Mit frischem Koriander, pflanzlicher Sauerrahm und Frühlingszwiebeln belegen.

## 29. Chili-Ramen-Auflauf

Macht: 4

**ZUTATEN:**
- 3 Packungen Ramen-Nudeln
- 2 (15 Unzen) Dosen Chili mit Bohnen
- 1 (15 Unzen) Dose gewürfelte Tomaten
- 4–8 Unzen geriebener Käse

**ANWEISUNGEN:**
a) Gießen Sie 6 °C Wasser in eine 3-Liter-Backform. Setzen Sie den Deckel auf und stellen Sie ihn zum Erhitzen für 3 bis 4 Minuten in die Mikrowelle.
b) Mit einem Nudelholz die Ramen leicht zerdrücken. Die Nudeln in das heiße Wasser der Kasserolle einrühren.
c) Deckel auflegen und 2 Minuten in der Mikrowelle garen lassen. Rühren Sie die Nudeln um und kochen Sie sie weitere 2 Minuten lang.
d) Überschüssiges Wasser aus dem Topf schütten und die Nudeln darin lassen.
e) Die Tomaten mit Chili dazugeben und gut verrühren.
f) Kochen Sie sie weitere 5 Minuten lang in der Mikrowelle auf höchster Stufe. Den Ramen-Auflauf mit dem geriebenen Käse belegen.
g) Den Deckel auflegen und einige Minuten ruhen lassen, bis der Käse schmilzt.
h) Servieren Sie Ihren Auflauf warm.
i) Genießen.

## 30. Lagerfeuer-Chili

**ZUTATEN:**
- 1 Pfund Hackfleisch
- 1 große Dose Kidneybohnen
- 1 Dose gewürfelte Tomaten
- 1 Dose pürierte Tomaten
- Zwiebeln und grüne Paprika, falls gewünscht
- 1 Umschlag Chili-Gewürzmischung
- 1 Schachtel Jiffy-Mais-Muffin-Mischung

**ANWEISUNGEN:**

a) Wenn die Feuerholzscheite rot glühen, legen Sie sie ringförmig um einen leeren Raum von der Größe Ihres Topfes.

b) Stellen Sie einen gusseisernen Kochtopf in den Raum und geben Sie das Hackfleisch, die Zwiebeln und die Paprika hinein. Kochen und rühren, bis das Hackfleisch durchgebräunt ist.

c) Tomaten, Tomatenpüree und Gewürzmischung hinzufügen. Deckel auf den Kochtopf legen und erhitzen lassen.

d) Bereiten Sie während des Erhitzens die Muffinmischung gemäß den Anweisungen in der Packung zu.

e) Wenn das Chili scharf ist, verteilen Sie die vorbereitete Muffinmischung auf dem Chili.

f) Setzen Sie den Deckel wieder auf den Topf. Legen Sie rote Kohlen auf den Deckel und kochen Sie, bis der Maisbrotbelag fertig ist. Wie lange das dauert, hängt davon ab, wie heiß Ihre Kohlen sind. Es kann nur 15–20 Minuten dauern; oder könnte länger sein.

g) Den Topf vom Feuer nehmen und servieren.

## 31. Maisbrot auf Chili

Ergibt: 6–8 Portionen

**ZUTATEN:**
- 1 mittelgroße Zwiebel, gehackt
- 1 Esslöffel Butter oder Margarine
- 2 Dosen (je 15 Unzen) Chili mit Fleisch und Bohnen
- 1 Dose (11 Unzen) Mais nach mexikanischer Art, abgetropft
- 1 Tasse geriebener Cheddar-Käse
- 1 Packung Maisbrotmischung (Pfannengröße 20 x 20 cm)

**ANWEISUNGEN:**
a) Ofen auf 425 Grad vorheizen.
b) In einer Pfanne die Zwiebeln in Butter anbraten, bis die Zwiebeln weich sind. Chili und Mais unterrühren. Die Chili-Mischung in einer gefetteten 23 x 33 cm großen Pfanne verteilen. Käse darüber streuen.
c) In einer Schüssel die Maisbrotmischung gemäß den Anweisungen in der Packung vermischen. Den Teig gleichmäßig über die Chilimischung gießen.
d) 25 Minuten backen oder bis das Maisbrot goldbraun und in der Mitte fest ist.

**32.** <u>**Enchilada Casserole**</u>

Ergibt: 6 Portionen

**ZUTATEN:**
- 1 Pfund Rinderhackfleisch, gebräunt und abgetropft
- 1 Dose (15 Unzen) Chili, beliebige Sorte
- 1 Dose (8 Unzen) Tomatensauce
- 1 Dose (10 Unzen) Enchiladasauce
- 1 Beutel (10 Unzen) Fritos-Maischips, geteilt
- 1 Tasse Sauerrahm
- 1 Tasse geriebener Cheddar-Käse

**ANWEISUNGEN:**
a) Ofen vorheizen auf 350 Grad.
b) In einer großen Schüssel gekochtes Rindfleisch, Chili, Tomatensauce und Enchiladasauce vermischen. Zwei Drittel der Chips unterrühren. Die Mischung in einer gefetteten 2-Liter-Auflaufform verteilen.
c) Ohne Deckel 24–28 Minuten backen oder bis es durchgeheizt ist.
d) Sauerrahm darüber verteilen. Den Käse über die saure Sahne streuen. Restliche Chips zerdrücken und darüber streuen.
e) Weitere 5–8 Minuten backen oder bis der Käse geschmolzen ist.

## 33. Schweinefleisch-Chili im Crockpot

Macht: 8

**ZUTATEN**
- 1 Teelöffel Zucker
- Kreuzkümmel, 1 Teelöffel
- 2 Teelöffel Oregano
- Salz, 1 Teelöffel
- 3 Pfund Schweinefleisch ohne Knochen, gewürfelt
- 3 Teelöffel Tomatenmark
- 2 Zwiebeln, gehackt
- Gehackter Knoblauch, 2 Zehen
- 2 Esslöffel Salatöl
- Schlagsahne, ½ Tasse
- Wasser, 1 Tasse

**DIENEN**
- Tortilla-Chips
- Avocado
- Sauerrahm

**ANWEISUNGEN:**
a) Schweinefleisch im Crockpot mit Öl anbraten.
b) Zwiebel, Knoblauch, Chilipulver, Kreuzkümmel und Oregano hinzufügen.
c) Geben Sie das Schweinefleisch zusammen mit Wasser, Zucker, Salz und Tomatenmark wieder in die Pfanne.
d) Sahne hinzufügen und 1 Stunde lang auf niedriger Stufe kochen.

## 34. Schlankheitssuppe mit Hühnchen und Bohnen

Macht: 8

**ZUTATEN:**

- 200 g Hähnchenbrust
- Salz
- 1 große gehackte Zwiebel
- 1 Teelöffel Olivenöl
- 2 Knoblauchzehen, gehackt
- 2 Tassen gehackte Kirschtomaten
- 2 gehackte Karotten
- 1 gehackte grüne Paprika
- 1 gehackter Pfeffer
- 1 Esslöffel Chilipulver
- 1 ½ Teelöffel Kreuzkümmel
- 1 Teelöffel Kurkuma
- 1 Teelöffel Paprika
- ¼ Teelöffel getrockneter Oregano
- 4 Tassen natriumarme Hühnerbrühe
- 2 Tassen Mais
- 500 g gewaschene und abgetropfte schwarze Bohnen
- 1 Tasse frischer Koriander
- 1 Tasse Käse

**ANWEISUNGEN:**
a) Die Hähnchenbrust in einer mit Wasser gefüllten Pfanne bei mittlerer bis hoher Hitze 10 bis 15 Minuten garen; Zerschreddere es.
b) Gießen Sie das Olivenöl in einen großen Topf und erhitzen Sie es bei mittlerer Hitze.
c) Fügen Sie die Zwiebel und den Knoblauch hinzu und lassen Sie sie etwa 5 bis 8 Minuten lang dünsten, bis die Zwiebel glasig ist.
d) Tomaten, Karotten, Paprika und Schneebesen in den Mixer oder die Küchenmaschine geben und gut vermischen.
e) Geben Sie die Gewürze und einen Teelöffel in die Pfanne aus Schritt 3. Fügen Sie das zerkleinerte Hähnchen, die Mischung aus Schritt 4, den Mais, die Bohnen und 2/4 Tasse Koriander hinzu. Wenn Ihnen die Suppe zu dick ist, geben Sie Wasser hinzu.
f) Bei teilweise abgedeckter Pfanne 30 Minuten bis eine Stunde kochen, bis der Mais weich bleibt.
g) Die Suppe mit dem Käse und dem restlichen Koriander garniert servieren.

## 35. Schweinefleisch-Posole

Macht: 10

**ZUTATEN:**
- 3 Pfund magere Schweineschulter ohne Knochen, geputzt und in 1½-Zoll-Stücke geschnitten
- 1 Esslöffel gemahlener Kreuzkümmel
- 1 Teelöffel koscheres Salz
- 15-Unzen-Dose weißer Maisbrei, abgetropft und abgespült
- 1 Teelöffel schwarzer Pfeffer
- 1 Esslöffel Rapsöl
- 1½ Tassen gehackte Poblano-Chilis
- 1½ Tassen gehackte gelbe Zwiebeln
- 4 Tassen ungesalzene Hühnerbrühe
- In dünne Scheiben geschnittene Radieschen
- 15-Unzen-Dose Pintobohnen ohne Salzzusatz, abgetropft und abgespült
- 1 Tasse Salsa Verde
- In dünne Scheiben geschnittene Frühlingszwiebeln
- Frische Oreganoblätter

**ANWEISUNGEN:**

36. Das Schweinefleisch gleichmäßig mit Kreuzkümmel, Salz und schwarzem Pfeffer bestreuen. Das Öl in einer Pfanne bei mäßiger Hitze erhitzen. Die Hälfte des Schweinefleischs in die Pfanne geben; unter gelegentlichem Rühren ca. 4 Minuten goldbraun kochen. In einen Crockpot geben. Wiederholen Sie den Vorgang mit dem restlichen Schweinefleisch.
37. Fügen Sie die Poblano-Chilis und Zwiebeln hinzu und lassen Sie sie leicht karamellisieren, etwa 5 Minuten lang.
38. Geben Sie eine halbe Tasse Brühe in die Pfanne und rühren Sie um, um die gebräunten Stücke vom Boden der Pfanne zu lösen. Transfer zum Crockpot.
39. Fügen Sie Salsa Verde, Hominy, Pintobohnen und die restlichen 3½ Tassen Brühe hinzu.
40. Langsam kochen, bis das Schweinefleisch zart ist, etwa 7½ Stunden.
41. Einige Bohnen und Hominy mit einem Kartoffelstampfer zerdrücken.
42. Servieren Sie die Suppe mit geschnittenen Radieschen, Frühlingszwiebeln und Oreganoblättern.

## 36. Mozzarella-Chili-Auflauf

Macht: 4

**ZUTATEN:**
- 16 Unzen extra mageres Rinderhackfleisch
- 28 Unzen Spaghettisauce
- 16 Unzen Rotini-Nudeln
- 16 Unzen geriebener Mozzarella-Käse

**ANWEISUNGEN:**

a) Kochen Sie die Nudeln 10 Minuten lang in kochendem Wasser oder bis die Nudeln zart, aber fest im Geschmack sind.

b) Ofen auf 350 F vorheizen

c) Eine Auflaufform mit Kochspray einsprühen und beiseite stellen.

d) Das Rindfleisch in einer großen Bratpfanne bei mittlerer Hitze anbraten, bis es gleichmäßig gebräunt und krümelig ist. Überschüssiges Fett aus der Pfanne abtropfen lassen.

e) Spaghettisauce und Nudeln zum Rindfleisch in die Pfanne geben.

f) In der vorbereiteten Auflaufform eine Schicht Fleisch und dann eine Schicht Käse anrichten und so lange wiederholen, bis alle Zutaten aufgebraucht sind.

g) 25 Minuten backen oder bis der Käse geschmolzen ist und Blasen bildet.

## 37. Schweinefleisch und Paprika-Chili

Macht: 4

**ZUTATEN:**
- 1 rote Zwiebel, gehackt
- 2 Pfund Schweinefleisch, gemahlen
- 4 Knoblauchzehen, gehackt
- 2 rote Paprika, gehackt
- 1 Selleriestange, gehackt
- 25 Unzen frische Tomaten, geschält, zerdrückt
- ¼ Tasse grüne Chilis, gehackt
- 2 Esslöffel frischer Oregano, gehackt
- 2 Esslöffel Chilipulver
- Prise Salz und schwarzer Pfeffer
- Ein Spritzer Olivenöl

**ANWEISUNGEN:**
a) Eine Bratpfanne mit Öl bei mittlerer bis hoher Hitze erhitzen und die Zwiebel, den Knoblauch und das Fleisch hinzufügen. Mischen und 5 Minuten bräunen lassen und dann in Ihren Slow Cooker geben.
b) Die restlichen Zutaten hinzufügen, vermischen, abdecken und 8 Stunden lang auf niedriger Stufe kochen.
c) Alles auf Schüsseln verteilen und servieren.

## 38. Crockpot-Hühner-Taco-Suppe

Macht: 6

**ZUTATEN:**
- 2 gefrorene Hähnchenbrust ohne Knochen
- 2 Dosen weiße Bohnen oder schwarze Bohnen
- 1 Dose gewürfelte Tomaten
- ½ Päckchen Taco-Gewürz
- ½ Teelöffel Knoblauchsalz
- 1 Tasse Hühnerbrühe
- Salz und Pfeffer nach Geschmack
- Tortillachips, Käse-Sauerrahm und Koriander als Belag

**ANWEISUNGEN:**
g) Geben Sie Ihr gefrorenes Hähnchen in den Topf und geben Sie die anderen Zutaten ebenfalls in den Pool.

h) Etwa 6-8 Stunden kochen lassen.

i) Nehmen Sie das Hähnchen nach dem Garen heraus und zerteilen Sie es auf die gewünschte Größe.

j) Zum Schluss das zerkleinerte Hähnchen in den Schmortopf geben und auf einen Slow Cooker stellen. Umrühren und kochen lassen.

k) Sie können auch mehr Bohnen und Tomaten hinzufügen, um das Fleisch zu dehnen und schmackhafter zu machen.

## 39. Bohnen-Chii mit Seemoos

Macht: 4

**ZUTATEN:**
- 1 Zwiebel
- 3 Knoblauchzehen
- 1 Dose gehackte Tomate
- 2 Esslöffel Tomatenpüree
- 1 Tasse rote Kidneybohnen
- ½ Tasse Butterbohnen
- ½ Tasse Pintobohnen
- 1 Tasse gelber / grüner Pfeffer
- 2 Unzen Sea Moss Gel
- 1 frische Chili
- 2 Esslöffel flüssige Aminos
- ½ Teelöffel gemahlener Kreuzkümmel
- ½ Teelöffel gemahlener Koriander
- ½ Würfel hefefreie Gemüsebrühe
- Himalaya-Salz und gemahlener schwarzer Pfeffer

**ANWEISUNGEN:**
a) Waschen Sie die Bohnen (und lassen Sie sie abtropfen) und das Gemüse mit gefiltertem Wasser und hacken Sie dann die Zwiebeln und Paprika klein.
b) Erhitzen Sie 50 ml alkalisches Wasser in einem Topf und geben Sie Seemoos-Gel, Zwiebeln, Knoblauch und Paprika hinzu und braten Sie es im Dampf an, bis es weich ist.
c) Bohnen, Salz und Pfeffer hinzufügen. 5 Minuten kochen lassen.
d) Gehackte Tomaten, Püree, Chili, Kreuzkümmel, Koriander und Aminos hinzufügen und im Brühwürfel zerdrücken.
e) Gut umrühren und mit einem Deckel abdecken, bei schwacher Hitze 20 Minuten kochen lassen.
f) Machen Sie eine Geschmacksprobe und fügen Sie nach Wunsch weitere Gewürze hinzu.
g) Mit braunem Reis servieren.

## 40. Chili-Hähnchen in Kokosmilch

**ZUTATEN:**
- 1 Pfund Hähnchen ohne Knochen und ohne Haut, gewürfelt
- 1 Esslöffel roter Chili-Sambal
- 3 Esslöffel Ghee
- ½ Teelöffel Senfkörner
- 8 frische Curryblätter
- 2 Teelöffel Ingwer-Knoblauch-Paste
- 2 kleine Tomaten, gehackt
- ½ Teelöffel Kurkumapulver
- Speisesalz, nach Geschmack
- Wasser, je nach Bedarf
- Kokosmilch zum Garnieren

**ANWEISUNGEN:**
41. In einer Schüssel das Hühnchen und den Sambal vermengen. 15 Minuten ruhen lassen.
42. Das Ghee in einer mittelgroßen Pfanne erhitzen. Die Senfkörner hinzufügen; Wenn sie anfangen zu spritzen, fügen Sie die Curryblätter, die Ingwerpaste und die Tomaten hinzu.
43. Etwa 8 Minuten lang anbraten, dann Kurkuma und Salz hinzufügen und gut umrühren. Etwa 1 Tasse Wasser hinzufügen und ohne Deckel 10 Minuten kochen lassen.
44. Fügen Sie das Huhn (zusammen mit dem gesamten roten Chili-Sambal) hinzu und kochen Sie es bei mittlerer Hitze etwa 5 Minuten lang, bis das Huhn gar ist.
45. Mit der Kokosmilch garnieren und heiß servieren.

## 41. Eintopf-Puten-Chili-Mac

**ZUTATEN:**
- 1 Esslöffel Kokosöl
- 1 Pfund gemahlener Truthahn
- ½ Teelöffel koscheres Salz
- ¼ Tasse Zwiebel, gewürfelt
- 2 Stangen Sellerie, gewürfelt
- ½ Tasse Paprika, gewürfelt
- 4 Tassen Hühnerknochenbrühe (2 Kartons)
- 1 (16-oz) Glas mitteldicke und stückige Salsa
- 1 (15-16 oz) Dose natriumreduzierte rote Kidneybohnen, abgetropft
- 1 (1,25 oz) Päckchen Chili-Gewürzmischung
- 8 Unzen Ellenbogen-Makkaroni
- 2 Unzen Cheddar-Käse, gewürfelt
- 1 (8 oz) Dose Tomatensauce ohne Salzzusatz
- Petersilienblätter zum Garnieren

**ANWEISUNGEN:**
d) Öl in einem großen Topf auf mittlerer bis hoher Stufe erhitzen. Putenhackfleisch in die Pfanne geben und mit Salz würzen. 3-4 Minuten kochen lassen, dabei das Fleisch mit dem Spatel zerkrümeln.
e) Zwiebel, Sellerie und Paprika hinzufügen und weitere 2 Minuten kochen, bis der Truthahn gar ist. Brühe, Salsa, Bohnen und Gewürzmischung hinzufügen. Zum Kochen bringen.
f) Nudeln einrühren; 8 Minuten kochen lassen, dabei gelegentlich umrühren. In der Zwischenzeit den Käse in kleine Würfel schneiden. Tomatensauce einrühren und noch 1 Minute kochen lassen. Das Chili mit Käse und Petersilie servieren.

## 42. **One-Pot-Pasta und Fagioli**

**ZUTATEN:**
- 1 Esslöffel natives Olivenöl extra
- 1 Pfund mageres Rinderhackfleisch
- Salz nach Geschmack
- 1 Teelöffel getrockneter Oregano
- 1 mittelgroße Zwiebel, gewürfelt
- 1 Tasse Karotten, gewürfelt
- 2 Selleriestangen, in Scheiben geschnitten
- 1 große Tomate, gewürfelt
- 1 (15 Unzen) Dose rote Kidneybohnen, abgespült und abgetropft
- 2 Tassen Rinderknochenbrühe
- 2 Tassen Spaghettisauce
- 8 Unzen Nudelschalen
- 1-2 Teelöffel scharfe Soße, optional
- ¼ Tasse gehackte frische Petersilie
- Frisch gemahlener schwarzer Pfeffer
- ½ Tasse geriebener oder frisch geriebener Parmesankäse

**ANWEISUNGEN:**
- In einem großen Topf Olivenöl bei mittlerer Hitze erhitzen. Hackfleisch dazugeben und mit einem Spatel zerkleinern. Kochen, bis das Rindfleisch anfängt zu bräunen. In der Zwischenzeit mit Salz und Oregano würzen.
- Zwiebeln, Karotten, Sellerie und Tomaten in den Topf geben. Gut vermischen und etwa 10 Minuten kochen lassen, dabei gelegentlich umrühren.
- Fügen Sie Bohnen, Rinderbrühe und Spaghettisauce hinzu, gefolgt von den Nudelschalen. Bei Bedarf scharfe Soße in den Topf träufeln; umrühren und gut vermischen. Zum Kochen bringen und dann 15–20 Minuten bei mittlerer bis niedriger Hitze köcheln lassen, oder bis die Nudeln weich sind.
- Nach Belieben frisch gemahlenen schwarzen Pfeffer hinzufügen und Petersilie unterrühren, dann mit Parmesankäse belegen. Anrichten, mit mehr Petersilie oder Käse garnieren. Genießen!

**43. Szechuan-Rindfleisch-Nudelbrühe-Suppe**

**ZUTATEN:**
- 1 Pfund Rindereintopffleisch
- ¼ Tasse scharfe Chilibohnensauce
- 4 Unzen Brunnenkresse
- 2 Esslöffel brauner Zucker
- 12-15 Shiitake-Pilze
- 5 Esslöffel Olivenöl, geteilt
- 4 Eier, weich gekocht
- 3 Sternanis
- 8 Unzen chinesische Nudeln oder Ramen oder Udon
- 2 Teelöffel Fünf-Gewürze-Pulver
- 1-Zoll-Stück Ingwer, in Scheiben geschnitten
- 2 Esslöffel Sojasauce
- 4 Knoblauchzehen, zerdrückt und grob geschnitten
- 1 Stängel Frühlingszwiebel, gehackt zum Garnieren
- 5 Tassen Rinderknochenbrühe
- Sesamöl
- 1 Esslöffel Rotwein
- Salz und Pfeffer

**ANWEISUNGEN:**

a) Rindereintopffleisch in eine mittelgroße Schüssel geben; Rotwein und eine Prise Salz und Pfeffer hinzufügen; gut umrühren.

b) In einem großen Topf 2 Esslöffel Olivenöl bei mittlerer bis hoher Hitze erhitzen; Gewürztes Rindfleisch hinzufügen und umrühren, bis die Außenseite des Rindfleischs anfängt, braun zu werden (ca. 5 Minuten).

c) 5 Tassen Rinderknochenbrühe in den Topf geben. Die Hitze auf hoch stellen und zum Kochen bringen, dann köcheln lassen.

d) Während das Fleisch köchelt, erhitzen Sie 3 Esslöffel Olivenöl bei mittlerer Hitze in einer kleinen Pfanne (ca. 2 Minuten).

e) Zucker hinzufügen und braten, bis es anfängt, braun zu werden; Nun Sternanis, Fünf-Gewürze-Pulver, Ingwer und Knoblauch hinzufügen; etwa 10 Sekunden lang rühren; Fügen Sie schnell Chili-Bohnen-Sauce hinzu. Gut umrühren und etwa 1 Minute auf niedriger Stufe kochen lassen.

f) Geben Sie die Chili-Bohnen-Sauce-Mischung in den großen Topf. Sojasauce hinzufügen und 25 Minuten köcheln lassen.
g) In der Zwischenzeit Eier kochen. (Bringen Sie 4 Tassen Wasser in einem kleinen Topf zum Kochen, fügen Sie vorsichtig Eier hinzu und lassen Sie sie 4 ½ Minuten für weichgekochte Eier oder 5 Minuten für hartgekochte Eier kochen. Lassen Sie die Eier abtropfen und lassen Sie sie vorher 5 Minuten in kaltem Wasser ruhen Peeling.)
h) Nach 25 Minuten köcheln lassen, Nudeln und Pilze in den Topf geben; zum Kochen bringen. Sobald die Rindernudelsuppe kocht, Brunnenkresse hinzufügen und sofort den Herd ausschalten. Rühren, bis das Gemüse zu welken beginnt.
i) Zum Servieren die Nudelbrühe-Suppe gleichmäßig auf 4 Schüsseln verteilen; Mit Sesamöl beträufeln. In jede Schüssel ein weichgekochtes Ei geben; Mit gehackten Frühlingszwiebeln bestreuen. Genießen!

## 44. Karibische Hühner-Gemüsebrühe-Suppe

**ZUTATEN:**
- 1 Tasse gehackte Zwiebeln
- ½ Tasse gehackter Sellerie
- ½ Tasse rote und grüne Paprika, gewürfelt
- ½ Teelöffel getrockneter Thymian
- 1 Tasse Wasser
- 2 Lorbeerblätter
- 1 Teelöffel Chilipulver
- ½ Teelöffel Currypulver
- ¼ Teelöffel gemahlener Piment
- 4½ Tassen natriumarme Hühnerbrühe, entfettet
- ⅛ Teelöffel frisch gemahlener schwarzer Pfeffer
- 1¼ Pfund Hähnchenbrusthälften ohne Haut, mit Knochen
- ¼ Tasse weißer Reis, trockenes Maß
- 14½ Unzen schwarze Bohnen, gekocht, abgespült und abgetropft

**ANWEISUNGEN:**

a) Öl, Sellerie, rote oder grüne Paprika und Zwiebeln in einem großen Topf vermischen.
b) Kochen Sie das Gemüse 5 Minuten lang unter häufigem Rühren bei starker Hitze.
c) Wasser, Lorbeerblätter, Chilipulver, Currypulver, Thymian, Piment und schwarzen Pfeffer hinzufügen und dabei die Brühe einrühren.
d) Nach dem Hinzufügen des Hühnchens zum Kochen bringen.
e) 25 Minuten köcheln lassen oder bis das Hähnchen durchgegart ist. Regelmäßig umrühren.
f) Wenn das Hähnchen kühl genug zum Anfassen ist, legen Sie es beiseite.
g) Schneiden Sie das Hähnchen nach dem Entfernen der Knochen in mundgerechte Stücke.
h) Bohnen und Reis in den Topf geben.
i) 15 Minuten kochen lassen oder bis der Reis gerade zart ist.
j) Das Hähnchen wieder in den Topf geben und 5 Minuten köcheln lassen.
k) Entsorgen Sie die Lorbeerblätter.
l) Mit fettfreiem Joghurt und gehackten roten Paprika garniert servieren.

## 45. Schinken-Bohnen-Suppe

**ZUTATEN:**
- 1 Tasse getrocknete schwarze Sojabohnen, über Nacht eingeweicht und abgetropft
- 1 Tasse Zwiebel, gewürfelt
- 1 Tasse Selleriestangen, gewürfelt
- 4 Knoblauchzehen, gehackt
- 1 Teelöffel getrockneter Oregano
- 1 Teelöffel Salz
- 1 Teelöffel Cajun-Gewürz
- 1 Teelöffel Flüssigrauch
- 2 Teelöffel Allzweckgewürz
- 1 Teelöffel Louisiana Hot Sauce
- 2 Schinkenhaxen
- 2 Tassen Schinken, gewürfelt
- 2 Tassen Wasser

**ANWEISUNGEN:**
a) Alle Zutaten in den Instant Pot geben und verrühren.
b) Setzen Sie den Deckel auf, verriegeln Sie ihn und stellen Sie die Kochzeit bei hohem Druck manuell auf 30 Minuten ein.
c) Wenn Sie fertig sind, lassen Sie den Druck 10 Minuten lang auf natürliche Weise abbauen und lassen Sie ihn dann schnell ab.
d) Entfernen Sie das Fleisch von den Knochen, zerkleinern Sie alles Fleisch und entfernen Sie die Knochen.
e) Umrühren und heiß servieren.

# 46. Bohnen- und Brokkoli-Chili

Macht: 2

**ZUTATEN:**
- 1 Bund Spinat
- Himalaya-Salz und frisch gemahlener schwarzer Pfeffer
- 2 Esslöffel Tomatenmark
- 1 Zwiebel, gehackt
- 1 Knoblauchzehe, zerdrückt
- 1 rote Chili, in dünne Scheiben geschnitten
- ½ Teelöffel gemahlener Kreuzkümmel
- ½ Teelöffel gemahlener Koriander
- 1 Kopf Brokkoli, klein gehackt
- 1 Dose gehackte Tomaten
- Limettenschnitze zum Servieren
- ½ Würfel hefefreie Gemüsebrühe
- Dash Liquid Aminos
- 200 g rote Kidneybohnen aus der Dose, abgetropft

**ANWEISUNGEN:**
a) Brühe erhitzen und Zwiebel und Knoblauch dünsten.
b) Brühwürfel, Tomaten, Tomatenpüree, Chili, Kreuzkümmel, Koriander, Aminos-Sauce, Salz und Pfeffer hinzufügen.
c) Etwa 20 Minuten köcheln lassen.
d) Kidneybohnen und frischen Koriander in eine Rührschüssel geben und weitere 9 Minuten kochen lassen.
e) Mit rohem Brokkoli und Spinat belegen.

## 47. Chilighetti

Ergibt: 6–8 Portionen

**ZUTATEN:**
- 1 Pfund Rinderhackfleisch, gebräunt und abgetropft
- 1 Packung (8 Unzen) Spaghetti, gekocht und abgetropft
- ½ Tasse gehackte Zwiebel
- 1 Tasse Sauerrahm
- 2 Dosen (je 8 Unzen) Tomatensauce
- 4-Unzen-Dose in Scheiben geschnittene Pilze
- 2 Dosen (je 16 Unzen) Chili, jede Sorte
- 1 Knoblauchzehe, gehackt
- 2 Tassen geriebener Cheddar-Käse

**ANWEISUNGEN:**
a) Ofen vorheizen auf 350 Grad.
b) In einer großen Schüssel alle Zutaten außer Käse vermischen.
c) Übertragen Sie die Mischung in eine gefettete 9x13-Zoll-Pfanne. Mit Käse belegen.
d) 20 Minuten backen.

## 48. Frühstücks-Burrito-Schüssel mit Mango und Bohnen

Portionen: 4

**ZUTATEN**
- 1 Portion grüner Reis
- 1 (15 Unzen) Dose schwarze Bohnen, abgespült und abgetropft
- 2 mittelgroße bis große reife Mangos, gewürfelt
- 1 Avocado, gewürfelt oder in Scheiben geschnitten
- 1 rote Paprika, gewürfelt
- 1 Tasse Mais, gegrillt, roh oder sautiert
- ½ Tasse gewürfelter Koriander
- ¼ Tasse gewürfelte rote Zwiebel
- 1 Jalapeño, in Scheiben geschnitten
- Optionale Dressings:
- Jalapeño-Koriander-Mango
- Koriander-Limette
- Jalapeño-Cashew-Sauce

**RICHTUNGEN**

a) Kochen Sie zunächst Ihren Reis gemäß den Anweisungen im Rezept. Während Ihr Reis kocht, können Sie Ihr gesamtes Gemüse und Obst für die Schüsseln zerkleinern.

b) Wenn Sie fertig sind, verteilen Sie den Reis auf vier Schüsseln und verteilen Sie dann schwarze Bohnen, Mango, Avocado, rote Paprika, Mais, Koriander, rote Zwiebeln und Jalapeño-Scheiben gleichmäßig auf die Schüsseln.

c) Mit Limettenspalten servieren.

## 49. Langkornreis und Pintobohnen

Portionen:4

**ZUTATEN**
- 50 ml Pflanzenöl
- 1 Zwiebel, fein gehackt
- 300 ml/10½ oz. Langkornreis
- 400 ml/14½ oz. Wasser
- 400 ml/14½ oz. Kokosmilch
- 400 g Pintobohnen aus der Dose, abgespült und abgetropft
- 3 Esslöffel frischer Thymian
- Salz und frisch gemahlener schwarzer Pfeffer
- frischer Koriander zum Garnieren

**RICHTUNGEN**
a) Das Öl in einer Bratpfanne erhitzen und die Zwiebel darin glasig braten.
b) Den Reis hinzufügen, gut umrühren und das Wasser und die Kokosmilch hinzufügen. Aufkochen.
c) Pintobohnen und Thymian dazugeben, zugedeckt etwa 20 Minuten köcheln lassen, bis der Reis gar ist. Mit Salz und frisch gemahlenem schwarzem Pfeffer würzen.
d) Mit Koriander garniert servieren.

# 50. Limettenhähnchen mit in Eiern gebratenem Langkornreis

Portionen: 2

ZUTATEN
Für das Huhn
2 Hähnchenbrustfilets ohne Haut
2 Esslöffel Sesamöl
2 Teelöffel Pflanzenöl
2 Esslöffel Sojasauce
2 Knoblauchzehen, fein gehackt
½ Zitrone, abgeriebene Schale und Saft
Salz und frisch gemahlener schwarzer Pfeffer
1 Esslöffel klarer Honig
Für den Reis
2 Esslöffel Erdnussöl
2-3 Teelöffel Sesamöl
2 Eier aus Freilandhaltung, leicht geschlagen
Spritzen Sie Sojasauce
2 Frühlingszwiebeln, fein gehackt
50 g Pintobohnen, gekocht
150 g Langkornreis, gekocht
Salz und frisch gemahlener schwarzer Pfeffer
3-4 Esslöffel gehackter Koriander
Limettenspalten zum Servieren
Richtungen
Zum Butterfly legen Sie die Hähnchenbrüste auf ein Brett und schneiden mit einem scharfen Messer drei Viertel der Brust parallel zum Schneidebrett ein.
Öffnen Sie jede Hähnchenbrust, sodass Sie zwei große, dünnere Hähnchenbrüste haben.
Geben Sie sie in eine Schüssel mit einem Esslöffel Sesamöl, Pflanzenöl, Sojasauce, Knoblauch, Zitronenschale und Saft.
Mit Salz und frisch gemahlenem schwarzem Pfeffer würzen und vermischen. In einer separaten Schüssel den Honig mit dem restlichen Sesamöl vermischen.
Erhitzen Sie eine Grillpfanne bei mittlerer bis hoher Hitze, bis es raucht, legen Sie dann das Hähnchen auf die Grillplatte und braten Sie es auf jeder Seite 2–3 Minuten lang. Bestreichen Sie es dabei ein- oder zweimal mit der Honig-Sesam-Mischung.

Wenn es fertig ist, sollte das Hähnchen außen auf der Holzkohle gegrillt und vollständig durchgegart sein. 2-3 Minuten ruhen lassen.

In der Zwischenzeit für den Reis einen Wok auf hoher Stufe erhitzen und dann die Erdnuss und einen Teelöffel Sesamöl hinzufügen. Wenn das Öl anfängt zu schimmern, die Eier hinzufügen und unter ständigem Rühren 1-2 Minuten kochen lassen, oder bis sie verrührt sind.

Schieben Sie die Eier an den Rand der Pfanne und fügen Sie noch etwas Sesamöl, Sojasauce, Frühlingszwiebeln und Pintobohnen hinzu und kochen Sie es eine Minute lang. Geben Sie dann den Reis hinzu und würzen Sie es mit Salz und frisch gemahlenem schwarzem Pfeffer.

Unter ständigem Rühren 3-4 Minuten kochen lassen oder bis es durchgewärmt ist. Den Koriander unterrühren.

Zum Servieren den Reis auf Teller verteilen. Das Hähnchen schräg in dünne Streifen schneiden und auf den Reis legen. Mit einer Limettenscheibe belegen.

# 51. Langkornreis Hoppin' John

Portionen: 4

ZUTATEN
2 Esslöffel Pflanzenöl
300 g gekochter und geriebener Speck
1 grüne Paprika, fein gehackt
1 rote Paprika, fein gehackt
1 rote Zwiebel, fein gehackt
3 Selleriestangen, fein gehackt
4 Knoblauchzehen, zerdrückt
1 Teelöffel getrocknete Chiliflocken
2 Lorbeerblätter
1 Liter/1¾ Pint Hühner- oder Gemüsebrühe
400 g Pintobohnen aus der Dose, abgetropft und abgespült
225 g Langkornreis
2 Esslöffel kreolisches oder Allzweckgewürz
Salz und frisch gemahlener schwarzer Pfeffer
Dienen
eine Handvoll glatte Petersilienblätter, fein gehackt
Bund Frühlingszwiebeln, fein gehackt

Richtungen
Das Öl in einer großen Pfanne bei mittlerer Hitze erhitzen.
Speck in die Pfanne geben und knusprig braten. Mit einem Schaumlöffel herausnehmen und auf Küchenpapier abtropfen lassen.
Zwiebeln, Paprika, Sellerie, Knoblauch, Chiliflocken, Lorbeerblätter, kreolische Gewürze, Salz und Pfeffer in die Pfanne geben und bei niedriger bis mittlerer Hitze anbraten, bis sie weich sind.
Mit der Brühe aufgießen und zum Kochen bringen.
Reis, Bohnen und Speck hinzufügen und gut umrühren. Abdecken und 20 Minuten köcheln lassen, bis der Reis weich ist und den größten Teil der Flüssigkeit aufgesogen hat.
Auf Schüsseln verteilen, mit Petersilie und Frühlingszwiebeln bestreuen und servieren.

## 52. Mexikanisch inspirierte Pintobohnen und Reis

Portionen: 8

ZUTATEN
1 Esslöffel Hühnerbrühe (natriumreduziert)
3 Esslöffel Tomatenmark
1 Teelöffel gemahlene Koriandersamen
1 Teelöffel Salz
½ Teelöffel Knoblauchpulver
¼ Teelöffel Pfeffer
3½ Tassen Wasser
2 Tassen weißer Langkornreis, mit einem Sieb abgespült
1 rote Paprika, entstielt, entkernt und gewürfelt
¼ Tasse fein gehackte rote Zwiebel
1 Jalapeño, entstielt, entkernt und fein gewürfelt
2 Esslöffel fein gehackter Koriander
1 Dose (15 Unzen) Pintobohnen, abgetropft und abgespült
Richtungen
In einen Topf Hühnerbasis, Tomatenmark, Koriander, Salz, Knoblauchpulver und Pfeffer geben; Zum Kombinieren verquirlen.
Nach und nach Wasser einrühren, Reis hinzufügen und verrühren.
Stellen Sie einen Topf auf mittlere bis hohe Hitze und bringen Sie ihn unter gelegentlichem Rühren zum Kochen.
Hitze auf mittlere bis niedrige Stufe reduzieren, abdecken. Weiter kochen, bis die Flüssigkeit aufgesogen ist, dabei gelegentlich umrühren, etwa 12–15 Minuten. Vom Herd nehmen und abgedeckt einige Minuten stehen lassen.
Reis in eine große Schüssel geben und Paprika, Zwiebel, Jalapeño und Koriander hinzufügen; Zum Kombinieren umrühren.
Bohnen vorsichtig unterrühren und servieren.

## 53. Pintobohnen und Reis mit Koriander

Portionen 6

ZUTATEN
Für den Reis:
1 Tasse weißer Langkornreis
1 Esslöffel Olivenöl
8 oz Dose Tomatensauce
1 rote Paprika entkernt, entkernt und geviertelt
1 1/2 Tassen Hühnerbrühe oder Gemüsebrühe
3/4 Teelöffel koscheres Salz
1 Teelöffel Knoblauchpulver
1/4 Teelöffel Chilipulver
1/4 Teelöffel Kreuzkümmel
1/2 Tasse gewürfelte Tomaten
Optional 2 Esslöffel gehackter Koriander zum Garnieren
Für die Bohnen:
15-Unzen-Dose Pintobohnen, abgetropft und abgespült
1/2 Tasse Hühnerbrühe oder Gemüsebrühe
1 Esslöffel Tomatenmark
3/4 Teelöffel Salz
3/4 Teelöffel Chilipulver
1/2 Tasse Pico de Gallo zum Garnieren optional
Richtungen
Für den Reis:
Erhitzen Sie das Olivenöl in einem 2-Liter-Topf bei mittlerer Hitze. Den Reis dazugeben und umrühren, bis der Reis mit Öl bedeckt ist. Etwa 5 Minuten kochen lassen oder bis der Reis geröstet und leicht gebräunt ist.
Alle restlichen Zutaten hinzufügen.
Stellen Sie den Topf wieder auf den Herd und bringen Sie den Inhalt zum Kochen.
Decken Sie den Topf ab und stellen Sie die Hitze auf niedrig; 17 Minuten kochen lassen.
Den Topf vom Herd nehmen und abgedeckt 5 Minuten stehen lassen. Paprika herausnehmen und entsorgen. Gut umrühren. Nach Belieben mit Tomaten und Frühlingszwiebeln garnieren.
Für die Bohnen:
Alle Zutaten bei mittlerer bis hoher Hitze in eine Pfanne geben und zum Köcheln bringen. 7–10 Minuten kochen, bis die Soße eingedickt ist. Abschmecken und bei Bedarf mehr Salz oder

Chilipulver hinzufügen. Sie können auch etwas mehr Hühnerbrühe hinzufügen, wenn die Sauce für Ihren Geschmack zu dick wird. Nach Belieben mit Pico de Gallo garnieren.

## 54. Spanische Pintobohnen und Reis

Portionen 2

ZUTATEN
FÜR DEN REIS
2 Tassen Gemüsebrühe 475 ml
1 Tasse Langkornreis 190 Gramm
1/4 Teelöffel Safranfäden 0,17 Gramm
Prise Meersalz
Prise schwarzer Pfeffer
FÜR DIE BOHNEN
2 Esslöffel natives Olivenöl extra 30 ml
1 kleine Zwiebel
4 Knoblauchzehen
1 Karotte
1 grüne Paprika
1 Teelöffel süßer geräucherter spanischer Paprika 2,30 Gramm
1/2 Teelöffel gemahlener Kreuzkümmel 1,25 Gramm
2 1/2 Tassen Pintobohnen aus der Dose 400 Gramm
1 Tasse Gemüsebrühe 240 ml
Prise Meersalz
Prise schwarzer Pfeffer
eine Handvoll fein gehackte frische Petersilie
Richtungen
2 Tassen Gemüsebrühe in einen Topf geben, 1/4 Teelöffel Safranfäden dazugeben, mit Meersalz und frisch gemahlenem schwarzem Pfeffer würzen und bei starker Hitze erhitzen
In der Zwischenzeit 1 Tasse Langkornreis in ein Sieb geben und unter fließend kaltem Wasser abspülen, bis das Wasser unter dem Sieb klar ist
Sobald die Brühe kocht, geben Sie den Reis in die Pfanne, vermischen Sie alles, setzen Sie einen Deckel auf die Pfanne, reduzieren Sie die Hitze auf niedrige bis mittlere Hitze und lassen Sie es köcheln, bis der Reis gar ist.
In der Zwischenzeit eine große Bratpfanne bei mittlerer Hitze erhitzen und 2 Esslöffel natives Olivenöl extra hinzufügen. Nach 2 Minuten 1 kleine Zwiebel fein gewürfelt, 1 grüne Paprika fein gehackt, 1 Karotte (geschält) fein gehackt und 4 Knoblauchzehen grob hinzufügen zerkleinert, das Gemüse kontinuierlich mit dem Olivenöl vermischen

Nach 4 Minuten, wenn das Gemüse leicht angebraten ist, fügen Sie 1 Teelöffel süßen geräucherten spanischen Paprika und 1/2 Teelöffel gemahlenen Kreuzkümmel hinzu, mischen Sie schnell, fügen Sie dann 2 1/2 Tassen Pintobohnen aus der Dose (abgetropft und abgespült) hinzu und würzen Sie mit Meersalz & schwarzem Pfeffer, vorsichtig vermischen, bis alles gut vermischt ist, dann 1 Tasse Gemüsebrühe hinzufügen und bei mittlerer Hitze köcheln lassen

Sobald der Reis gar ist (in meinem Fall 15 Minuten), nehmen Sie den Reis vom Herd, lassen Sie ihn 3 bis 4 Minuten lang mit geschlossenem Deckel stehen, nehmen Sie dann den Deckel ab, lockern Sie den Reis mit einer Gabel auf und geben Sie ihn um in Servierschalen

Nehmen Sie die köchelnden Bohnen (es sollte noch etwas Brühe übrig sein) und geben Sie sie in die Servierschüssel neben dem Reis, bestreuen Sie sie mit frisch gehackter Petersilie und genießen Sie!

## 55. Eintopf-Reis und Bohnen

Portionen: 4 Portionen

ZUTATEN
2 Esslöffel Olivenöl
1 gelbe Zwiebel, gehackt (ca. 1 ¼ Tassen)
1 ¾ Tassen Hühner- oder Gemüsebrühe oder Wasser
1 Teelöffel Salz
1 Tasse Langkornreis
1 (15,5 Unzen) Dose schwarze Bohnen oder Pintobohnen
Limettenschnitze oder Korianderblätter zum Garnieren (optional)
RICHTUNGEN
In einem großen Topf oder Schmortopf mit dicht schließendem Deckel das Olivenöl bei mittlerer Hitze erwärmen. Zwiebel hinzufügen und ca. 3 Minuten anbraten, bis sie glasig ist. Die Brühe hinzufügen, abdecken und zum Kochen bringen.
Salz, Reis und Bohnen (einschließlich der Flüssigkeit) hinzufügen. Nur umrühren, um alles zu vermischen, dann abdecken.
Die Hitze so niedrig wie möglich reduzieren und dann 18 bis 20 Minuten ungestört köcheln lassen. Vom Herd nehmen und 4 Minuten ruhen lassen, dann mit einer Gabel auflockern.
Mit Salz und Pfeffer abschmecken und nach Belieben mit Limette oder Koriander garnieren.

## 56. Südliche Pintobohnen und Reis

Portionen: 6 Tassen

ZUTATEN
- 1 Pfund getrocknete Pintobohnen
- 8 Tassen Wasser oder Brühe
- 2 Esslöffel Salz zum Einweichen über Nacht; Tisch salz
- 2 Esslöffel Zwiebelpulver oder 1 Tasse frische, gewürfelte Zwiebel
- 2 Esslöffel Knoblauchpulver
- 2 Tassen Reis, brauner oder weißer Reis, gekocht
- 1 geräucherte Schinkenhaxe
- Salz und Pfeffer nach Geschmack

Richtungen
a) Geben Sie die Bohnen mit Zwiebel- und Knoblauchpulver, Flüssigkeit und Protein (optional) in einen großen Schmortopf.
b) Bei schwacher Hitze ohne Deckel 3-4 Stunden kochen oder bis es weich ist; Überprüfen Sie regelmäßig den Flüssigkeitsstand. fügen Sie bei Bedarf weitere hinzu; Wenn es weich ist, probieren Sie es mit Gewürzen und passen Sie es entsprechend an
c) 1 Pfund getrocknete Pintobohnen, 8 Tassen Wasser oder Brühe, 2 Esslöffel Zwiebelpulver, 2 Esslöffel Knoblauchpulver, 1 geräucherte Schinkenhaxe

## 57. Pintobohnen und Reis und Wurst

Portionen: 6 Portionen

**ZUTATEN**
- 1 Pfund getrocknete Pintobohnen
- 6 Tassen Wasser
- 1 Schinkenhaxe oder ein fleischiger übrig gebliebener Schinkenknochen
- 1 mittelgroße Zwiebel, gehackt
- 3 Knoblauchzehen, gehackt
- 1 1/2 Teelöffel Salz
- 1 Pfund Andouille-Räucherwurst oder eine ähnliche geräucherte Wurst, in Scheiben geschnitten
- 1 (14 1/2 Unzen) Dose Tomaten, gewürfelt
- 1 (4 Unzen) Dose milde grüne Chilischoten oder eine Mischung aus milden und Jalapeño-Chilischoten, gewürfelt
- 1/2 Teelöffel rote Paprikaflocken, zerstoßen, optional
- 4 Tassen gekochter weißer Reis, langkörnig oder schnelle Grütze, heiß gekocht

**RICHTUNGEN**

a) Geben Sie die Pintobohnen am Vorabend in eine große Schüssel oder einen Topf und bedecken Sie sie etwa 7,5 cm über den Bohnen mit Wasser. Lassen Sie sie 8 Stunden oder über Nacht stehen. Gut abtropfen lassen.

b) Kombinieren Sie die eingeweichten und abgetropften Bohnen mit Wasser, Schinkenhaxe, Zwiebeln und Knoblauch in einem großen Topf oder Schmortopf bei starker Hitze. zum Kochen bringen. Abdecken und die Hitze auf mittlere Stufe reduzieren; Kochen Sie die Bohnen 45 Minuten lang oder bis die Bohnen weich sind.*

c) Fügen Sie Salz, Wurstscheiben, Tomaten, milde Chilischoten und zerstoßene rote Paprikaflocken hinzu, falls gewünscht. Abdecken, Hitze reduzieren und 1 Stunde köcheln lassen, dabei gelegentlich umrühren.

d) Die Schinkenhaxe herausnehmen und das Fleisch vom Knochen lösen. Den Schinken mit einer Gabel zerkleinern oder hacken. Geben Sie den Schinken wieder in die Bohnenmischung.

e) Servieren Sie die Pintobohnen über heißem gekochtem Reis.

## 58. Gallopinto

Portionen: 8 Portionen

**ZUTATEN**
**FÜR DIE BOHNEN**
- 1 (16 Unzen) Beutel getrocknete Pintobohnen
- Salz
- 7 Knoblauchzehen, geschält

**FÜR DEN REIS**
- 1/4 Tasse Pflanzenöl, geteilt
- 1 mittelgelbe Zwiebel, fein gehackt (ca. 1 Tasse), geteilt
- 1 1/2 Tassen weißer Langkornreis
- 3 Tassen Wasser oder natriumarme Hühnerbrühe
- 1/2 grüne Paprika, entkernt und entkernt

**RICHTUNGEN**
**FÜR DIE BOHNEN:**

a) Bohnen auf einem Backblech mit Rand verteilen. Entfernen Sie alle Rückstände und zerbrochenen Bohnen. Bohnen in ein Sieb geben und unter fließendem kaltem Wasser abspülen. Die abgespülten Bohnen in einen großen Topf geben und mit kaltem Wasser bedecken. 30 Minuten einwirken lassen.

b) Bei starker Hitze zum Kochen bringen. Hitze auf mittlere Stufe reduzieren und Bohnen 30 Minuten köcheln lassen. Den Herd ausschalten, die Bohnen abdecken und 1 Stunde ruhen lassen. Bringen Sie die Bohnen bei starker Hitze wieder zum Kochen. 2 Teelöffel Salz und Knoblauch hinzufügen, die Hitze auf mittlere Stufe reduzieren und 30 bis 60 Minuten köcheln lassen, bis die Bohnen weich sind.

**FÜR DEN REIS:**

c) 2 Esslöffel Öl in einem großen Topf mit starkem Boden bei mittlerer Hitze erhitzen, bis es schimmert. Fügen Sie 2/3 der Zwiebel hinzu und kochen Sie sie unter Rühren etwa 5 Minuten lang, bis sie weich und durchscheinend ist.

d) Reis hinzufügen und unter Rühren 2 bis 3 Minuten kochen, bis die Körner glänzend und gleichmäßig mit Öl bedeckt sind. Wasser oder Brühe und 1 1/2 Teelöffel Salz hinzufügen, die Hitze auf eine hohe Stufe erhöhen und zum Kochen bringen. Paprika auf den Reis legen.

e) Kochen Sie den Reis ohne Rühren, bis der größte Teil der Flüssigkeit verdampft ist und Sie sehen, wie kleine Bläschen auf der Reisoberfläche platzen. Reduzieren Sie sofort die Hitze auf die niedrigste Stufe, decken Sie das Ganze ab und kochen Sie es 15 Minuten lang (nicht umrühren, Deckel nicht abnehmen). Paprika entfernen und entsorgen. Reis mit Stäbchen oder Gabel auflockern, dann abkühlen lassen und 1 Tag im Kühlschrank lagern.

**FÜR DEN GALLOPINTO:**

f) Die restlichen 2 Esslöffel Öl in einem großen Topf bei mittlerer bis hoher Hitze erhitzen, bis es schimmert. Fügen Sie die restliche Zwiebel hinzu und kochen Sie sie unter Rühren etwa 5 Minuten lang, bis sie weich und durchscheinend ist.

g) Reis und 2 Tassen Bohnen in die Pfanne geben und unter Rühren kochen, bis der Reis gleichmäßig bedeckt ist. Unter Rühren weiter kochen, damit sich die Aromen vermischen und die Mischung leicht knusprig wird, etwa 10 Minuten. Abdecken und bei schwacher Hitze weitere 10 Minuten garen.

## 59. Bohnensauce und Tomaten auf Reis

Portionen: 6 Portionen

ZUTATEN
1 Tasse Pintobohnen, eingeweicht
2 Serrano-Chilis, entkernt und gehackt
½ Esslöffel Ingwer, gerieben
Je 1 Lorbeerblatt
¼ Teelöffel Kurkuma
4 Tassen Wasser
1⅓ Tasse Brühe
¼ Tasse Koriander
Salz Pfeffer
2 Esslöffel Pekannüsse, gehackt und geröstet
2 Esslöffel Olivenöl
4 Tomaten, gewürfelt
1 Teelöffel Chilipulver
1 Esslöffel frischer Majoran
1 Teelöffel Ahornsirup
5 Tassen Wasser
1½ Tasse Langkornreis
2 Karotten, geraspelt
Je 1 7,6 cm lange Zimtstange
½ Esslöffel Olivenöl

Richtungen
Bohnen 1½ bis 2 Stunden kochen, bis die Bohnen weich sind.
Lorbeerblatt wegwerfen &
SOSSE:
Abgetropfte Bohnen, Chilis, Ingwer, Lorbeerblatt, Kurkuma und Wasser in einem großen Topf vermischen.
Zum Kochen bringen, Hitze reduzieren, abdecken und kochen.
Bohnen, Brühe und Koriander in eine Küchenmaschine geben und zu einer stückigen Soße verarbeiten. Würzen, Pekannüsse hinzufügen und leicht erhitzen.
TOMATEN:
Tomaten, Chilipulver, Majoran und Sirup in einer Bratpfanne vermengen. Mit Salz und Pfeffer würzen und bei mäßiger Hitze etwa 10 Minuten braten, bis die Tomate zu karamellisieren beginnt. Bei schwacher Hitze warm halten.
REIS:
Wasser aufkochen und Reis, Karotten und Zimt unterrühren.
Kochen, bis der Reis weich ist, 10 bis 12 Minuten, wenn Sie weißen Reis verwenden. Den Zimt abgießen, wegschütten und kurz unter fließendem Wasser abspülen.
Zurück in die Pfanne geben und mit Öl vermischen.
Zum Servieren den Reis auf warme Teller geben, mit Bohnensauce belegen und mit Tomaten bestreuen.

# 60. Cajun-Pintobohnen

Portionen: 8

ZUTATEN
Je 1 kleine Tüte Pintobohnen, gewaschen und gepflückt
¼ Tasse Mehl
¼ Tasse Speckfett
1 große Zwiebel, gehackt
6 Knoblauchzehen, gehackt
½ Tasse Sellerie, gehackt
Je 1 Lorbeerblatt
¼ Tasse Chilipulver
2 Esslöffel gemahlener Kreuzkümmel
1 Dose Tomaten mit Chili
Salz nach Geschmack
2 Pfund Schinkenhaxe oder gepökeltes Schweinefleisch OPTIONAL
Gehackter Koriander
2 Tassen Langkornreis, gekocht

Richtungen
Pintobohnen durchzupfen und waschen. 1 kleinen Beutel Pintobohnen über Nacht in kaltem Wasser und 1 Esslöffel Backpulver einweichen. Bohnen abspülen und 1 Stunde kochen lassen. Wechseln Sie das Wasser und fügen Sie erneut 1 Esslöffel Backpulver hinzu. Noch ein bis zwei Stunden kochen lassen und zum letzten Mal das Wasser wechseln, Backpulver hinzufügen und kochen, bis es fertig ist.
Braten Sie ¼ Tasse Mehl und ¼ Tasse Speckfett in der dunklen Mehlschwitze (Kakaofarbe). Fügen Sie Folgendes hinzu und rühren Sie um, bis es zusammenfällt: 1 große gehackte Zwiebel, 5 oder 6 gehackte Knoblauchzehen, ½ Tasse gehackter Sellerie, 1 Lorbeerblatt und Koriander.
Chilipulver, Kreuzkümmel und Tomaten mit Chilis und Salz nach Geschmack hinzufügen.
Kann mit Schinkenhaxe oder gepökeltem Schweinefleisch zubereitet werden.
Die Verwendung dieser Mehlschwitze verleiht Pintobohnen einen wirklich tollen Geschmack.
Mit Langkornreis servieren.

## 61. Reis und Bohnen mit Käse

Portionen: 5

**ZUTATEN**
- 1⅓ Tasse Wasser
- 1 Tasse geraspelte Karotten
- 1 Teelöffel Instant-Hühnerbrühe
- ¼ Teelöffel Salz
- 15 Unzen Pintobohnen aus der Dose, abgetropft
- 8 Unzen fettarmer Naturjoghurt
- ½ Tasse geriebener fettarmer Cheddar-Käse
- ⅔ Tasse Langkornreis
- ½ Tasse geschnittene Frühlingszwiebeln
- ½ Teelöffel gemahlener Koriander
- 1 Teelöffel scharfe Pfeffersauce
- 1 Tasse fettarmer Hüttenkäse
- 1 Esslöffel gehackte frische Petersilie

**RICHTUNGEN**

a) In einem großen Topf Wasser, Reis, Karotten, Frühlingszwiebeln, Bouillongranulat, Koriander, Salz und abgefüllte scharfe Pfeffersauce vermischen.

b) Zum Kochen bringen; Hitze reduzieren. Abdecken und 15 Minuten köcheln lassen, bis der Reis weich ist und das Wasser aufgesogen ist.

c) Pinto- oder weiße Bohnen, Hüttenkäse, Joghurt und Petersilie unterrühren.

d) In eine 25 x 15 x 5 cm große Auflaufform geben.

e) Zugedeckt im 180 °C heißen Ofen 20–25 Minuten backen oder bis es durchgeheizt ist. Mit Cheddar-Käse bestreuen. Ohne Deckel weitere 3–5 Minuten backen, bis der Käse schmilzt.

## 62. Pintobohnen und Safranreis

Portionen: 4

ZUTATEN

Bohnen

3 Tassen getrocknete Pintobohnen
1/2 Stück Butter
1/3 Tasse Schmalz
1/2 Tasse Sofrito
1 große Zwiebel gewürfelt
3 Liter Wasser

Reis

1 1/2 Tasse Langkornreis
3 Tassen Hühnerbrühe
1/2 Teelöffel Safranfäden
1-1/2 Teelöffel koscheres Salz
1/2 Tasse Wasser
1 Esslöffel Butter
Essig, scharfe Pfeffersoße

Richtungen

Waschen Sie die Bohnen und entfernen Sie alle Fremdkörper wie Steine und faule Bohnen.
Die Zwiebeln würfeln.
Zwiebeln, Bohnen, Sofrito, Wasser und Butter hinzufügen.
Lassen Sie es 4 Minuten lang erhitzen und fügen Sie das Schmalz hinzu.
Abdecken und 15 Minuten kochen lassen, umrühren, erneut abdecken und die Hitze auf die Hälfte reduzieren. Kochen, bis die Bohnen weich sind, dann Salz hinzufügen.
Die Butter schmelzen und den Reis hinzufügen. Gut umrühren und Safran, Brühe und Wasser hinzufügen.
Kochen Sie den Reis unter gelegentlichem Rühren. Wenn die Flüssigkeit aufgesogen ist, decken Sie ihn ab und nehmen Sie ihn 20 Minuten lang vom Herd (ohne Rühren).
Mit den Bohnen über dem Reis servieren. Den Essig und die scharfe Pfeffersauce hinzufügen.

# 63. Taco-Gewürzreis mit Pintobohnen

Portionen: 6 Portionen

ZUTATEN
2 Tassen Wasser
8 Unzen Tomatensauce
1 Packung Taco-Gewürzmischung
1 Tasse Mais
½ Tasse grüner Pfeffer – gehackt
½ Teelöffel Oregano
⅛ Teelöffel Knoblauchpulver
1 Tasse Langkornreis
16 Unzen Pintobohnen, aus der Dose
Richtungen
In einem mittelgroßen Topf alle Zutaten außer Reis und Bohnen vermischen.
Die Mischung bei mittlerer Hitze zum Kochen bringen. Reis und Bohnen unterrühren.
Wenn die Mischung wieder kocht, umrühren, dann die Hitze auf mittlere bis niedrige Stufe reduzieren, abdecken und 45 Minuten bis 1 Stunde köcheln lassen, bis die meiste Flüssigkeit verkocht ist.
Vom Herd nehmen und abgedeckt 5 Minuten ruhen lassen.
Gut mischen.

## 64. Indischer Kürbisreis und Bohnen

Portionen: 8

ZUTATEN
1 Esslöffel Rapsöl
1 mittelgroße gelbe Zwiebel; gehackt
2 Knoblauchzehen; gehackt
2 Tassen Kürbiswürfel
2 Teelöffel Currypulver
½ Teelöffel schwarzer Pfeffer
½ Teelöffel Salz
¼ Teelöffel gemahlene Nelken
1½ Tasse weißer Langkornreis
1 Tasse grob gehackter Grünkohl oder Spinat
15 Unzen gekochte Pintobohnen; abtropfen lassen und abspülen

Richtungen
In einem großen Topf das Öl bei mittlerer Hitze erhitzen.
Zwiebel und Knoblauch dazugeben und unter Rühren 5 Minuten kochen, bis die Zwiebel glasig ist. Kürbis, Curry, Pfeffer, Salz und Nelken einrühren und noch 1 Minute kochen lassen.
3 Tassen Wasser und den Reis hinzufügen, abdecken und zum Kochen bringen. Bei mittlerer bis niedriger Hitze etwa 15 Minuten kochen lassen.
Den Grünkohl und die Bohnen hinzufügen und weitere etwa 5 Minuten kochen lassen.
Den Reis auflockern und die Hitze ausschalten. Vor dem Servieren 10 bis 15 Minuten ruhen lassen.

# 65. Mexikanische Cowboybohnen

Portionen: 6

**ZUTATEN**
- ½ Pfund Pintobohnen, getrocknet
- 1 Zwiebel, weiß, groß
- 3 Knoblauchzehen, zerdrückt
- 2 Zweige Koriander
- ¼ Tasse Gemüsebrühe oder Wasser
- 6 Unzen. (3/4 Tasse) Chorizo
- 2 Serrano-Chilis, gehackt
- 1 Tomate, groß, gewürfelt

**RICHTUNGEN**
a) Bohnen über Nacht in Wasser einweichen.
b) Am nächsten Tag abseihen und in einen großen Topf geben. Gießen Sie so viel Wasser in den Topf, dass er zu ¾ gefüllt ist.
c) Schneiden Sie Ihre Zwiebel in zwei Hälften. Geben Sie die Hälfte der Zwiebeln, Korianderzweige und drei Knoblauchzehen in den Topf mit den Bohnen. Die andere Hälfte der Zwiebel aufbewahren.
d) Bringen Sie das Wasser zum Kochen und lassen Sie die Bohnen ca. 1 ½ Stunden kochen, bis sie fast weich sind.
e) Während die Bohnen kochen, erhitzen Sie eine große Bratpfanne auf mittlere bis hohe Hitze. Chorizo hinzufügen und ca. 4 Minuten anbraten, bis es leicht gebräunt ist. Während die Chorizo kocht, die andere Hälfte der Zwiebel würfeln.
f) Chorizo aus der Pfanne nehmen und beiseite stellen. ¼ Tasse Wasser, gewürfelte Zwiebeln und Serrano-Paprika in die Bratpfanne geben. Zwiebeln und Chilis etwa 4 – 5 Minuten anschwitzen, bis sie weich und glasig sind. Fügen Sie die Tomate hinzu und lassen Sie sie weitere 7–8

Minuten kochen, bis die Tomate zerfallen ist und ihren gesamten Saft freigesetzt hat.

g) Diese Mischung und die Chorizo in den Bohnentopf geben und weitere 20 Minuten köcheln lassen, bis die Bohnen ganz weich sind. Mit Salz und Pfeffer abschmecken.

h) Entfernen Sie vor dem Servieren die halbe Zwiebel, den Korianderzweig und die Knoblauchzehen von den Bohnen. Mit Salz und Pfeffer würzen

# 66. Karibisches Fest

**ZUTATEN**
**JERK JACKFRUIT**
- 3 Dosen Young Jack Fruit in Salzlake, abtropfen lassen, trocken tupfen und dann in kleine Stücke schneiden
- 1 Esslöffel Vita Coca Kokosöl
- 3 Frühlingszwiebeln, fein geschnitten
- 3 Knoblauchzehen, gehackt
- 1/2 Scotch Bonnet Chili (verwenden Sie eine volle 1 für extra Schärfe)
- Daumengroßes Stück Ingwer, gehackt
- 1 gelbe Paprika, entkernt und gewürfelt
- 1 Tasse/200 g schwarze Bohnen aus einer Dose. Abtropfen lassen und abspülen.
- 1 Esslöffel All Spice
- 2 Teelöffel gemahlener Zimt
- 3 Esslöffel Sojasauce
- 5 Esslöffel Tomatenpüree
- 4 Esslöffel Kokosnusszucker
- 1 Tasse/240 ml Ananassaft
- 1 Limette entsaften
- 1 Esslöffel frische Thymianblätter
- 2 Teelöffel Meersalz
- 1 Teelöffel gebrochener schwarzer Pfeffer

**REIS & ERBSEN**
- 1 Dose Kidneybohnen, Flüssigkeit reserviert
- 1 Dose Kokosmilch
- 3 Esslöffel frischer Thymian
- Eine Prise Meersalz und schwarzen Pfeffer
- 1 & 1/2 Tassen/340 g Langkornreis, abgespült
- Bei Bedarf Gemüsebrühe.

**Gebratene Kochbananen**
- 2 Kochbananen, geschält und in cm große Scheiben geschnitten

- 2 Esslöffel Vita Coca Kokosöl
- 2 Esslöffel Kokosnusszucker
- Prise Salz und Pfeffer

**MANGOSALAT**
- 1/2 frische Mango, geschält und gewürfelt
- 1 Teelöffel frischer Chili, fein gehackt
- Eine Handvoll frischer Koriander
- Saft einer halben Limette
- Frischer gemischter Salat

**RICHTUNGEN**

a) Stellen Sie zunächst eine große Auflaufform oder Bratpfanne auf mittlere Hitze. Fügen Sie das Kokosöl hinzu, gefolgt von Zwiebel, Knoblauch, Ingwer, Chili und gelbem Pfeffer. Lassen Sie die Mischung 3 Minuten lang weich werden, bevor Sie die Gewürze hinzufügen und weitere 2 Minuten kochen lassen. Eine Prise Gewürz hinzufügen.

b) Die Jackfrucht in die Pfanne geben und gut umrühren, die Mischung 3-4 Minuten kochen lassen.

c) Als nächstes fügen Sie den Kokosnusszucker und die schwarzen Bohnen hinzu. Rühren Sie weiter und fügen Sie dann Sojasauce, Tomatenpüree und Ananassaft hinzu. Reduzieren Sie die Hitze auf eine niedrige Stufe und fügen Sie den Limettensaft und einige gehackte frische Thymianblätter hinzu.

d) Den Deckel auflegen und die Jackfrucht etwa 12–15 Minuten kochen lassen.

e) Für den Reis die Zutaten in einen Topf geben und den Deckel auflegen. Stellen Sie die Pfanne auf eine niedrige Hitze und lassen Sie den Reis die gesamte Flüssigkeit aufsaugen, bis er leicht und locker ist. Dies sollte 10-12 Minuten dauern. Wenn Ihr Reis vor dem Garen zu trocken wird, fügen Sie etwas Wasser oder Gemüsebrühe hinzu.

f) Als nächstes kommt die Kochbanane. Eine beschichtete Bratpfanne bei mittlerer Hitze vorheizen und das Kokosöl hinzufügen. Wenn es heiß ist, die Kochbananenspalten hinzufügen und auf beiden Seiten 3–4 Minuten braten, bis es karamellisiert und goldbraun ist. Mit Kokosnusszucker, Salz und Pfeffer würzen.
g) Für den Salat einfach alle Zutaten in einer kleinen Rührschüssel vermischen.
h) Alles zusammen servieren, genießen.

# 67. Jamaikanische Jerk-Jackfrucht und Bohnen mit Reis

Portionen: 2

**ZUTATEN**
- 1 Zwiebel
- 2 Knoblauchzehen
- 1 Chili
- 2 Strauchtomaten
- 2 Teelöffel jamaikanisches Jerk-Gewürz
- 400g Dose Kidneybohnen
- 400g Dose Jackfrucht
- 200 ml Kokosmilch
- 150g weißer Langkornreis
- 50g Babyblattspinat
- Meersalz
- Frisch gemahlener Pfeffer
- 1 Esslöffel Olivenöl
- 300 ml kochendes Wasser

**RICHTUNGEN**

j) Die Zwiebel schälen und fein hacken. Die Knoblauchzehen schälen und reiben. Die Chili halbieren, die Kerne und die Membran entfernen, um die Schärfe zu verringern, und fein hacken. Die Tomaten grob hacken.

k) 1 Esslöffel Öl in eine große Pfanne geben und auf mittlere Hitze erhitzen. Die Zwiebeln und eine gute Prise Salz und Pfeffer hineingeben. Unter gelegentlichem Rühren 4–5 Minuten braten, bis es weich und leicht gefärbt ist. Knoblauch, Chili und 2 Teelöffel Jamaican Jerk-Gewürz hinzufügen und weitere 2 Minuten braten

l) Geben Sie die gehackten Tomaten in die Pfanne. Kidneybohnen und Jackfrucht abtropfen lassen und in die Pfanne geben. Kokosmilch einfüllen. Gut vermischen und zum Kochen bringen, dann teilweise mit einem Deckel abdecken und 20 Minuten leicht köcheln lassen. Während der Kochzeit die Jackfruchtstücke ab und zu mit einem Holzlöffel etwas zerkleinern.

m) Geben Sie den Reis in ein Sieb und spülen Sie ihn gründlich unter kaltem Wasser ab. In einen kleinen Topf geben und 300 ml kochendes Wasser und eine Prise Salz hinzufügen. Einen Deckel aufsetzen und zum Kochen bringen, dann ganz herunterdrehen und 8 Minuten lang ganz sanft köcheln lassen, bis das gesamte Wasser aufgesogen ist. Nehmen Sie den Reis vom Herd und lassen Sie ihn zugedeckt 10 Minuten in der Pfanne dünsten

n) Den Spinat unter die Jackfrucht und die Bohnen rühren, bis er zusammenfällt. Probieren Sie die Soße und fügen Sie bei Bedarf noch mehr Salz hinzu.

o) Den Reis in mehrere tiefe Schüsseln füllen, mit großzügigen Kellen Jackfrucht-Curry belegen und servieren.

## 68. Reispilaw mit Bohnen, Früchten und Nüssen

**ZUTATEN**

- 1 1/2 Tassen Langkornreis
- 1 Esslöffel neutrales Pflanzenöl
- 1 mittelgroße Zwiebel, fein gehackt
- 1 bis 2 kleine frische scharfe Chilischoten, in Scheiben geschnitten, optional
- 2/3 Tasse Rosinen oder getrocknete Preiselbeeren oder eine Kombination
- 1/3 Tasse gekochte Pintobohnen
- 1/3 Tasse fein gehackte getrocknete Aprikosen
- 1/4 Teelöffel Kurkuma
- 1/2 Teelöffel Zimt
- 1/4 Teelöffel gemahlene oder frische Muskatnuss
- 1/2 Teelöffel getrocknetes Basilikum
- 1/4 Tasse Orangensaft, vorzugsweise frisch
- 2 Teelöffel Agavennektar
- 1 bis 2 Esslöffel Zitronen- oder Limettensaft nach Geschmack
- 1/2 Tasse geröstete Cashewkerne (ganz oder gehackt) oder Mandelblättchen
- Salz und frisch gemahlener Pfeffer nach Geschmack

**Richtungen**

a) Den Reis mit 4 Tassen Wasser in einem Topf vermischen. Leicht köcheln lassen, dann die Hitze reduzieren, abdecken und 30 Minuten lang sanft köcheln lassen, oder bis das Wasser aufgesogen ist.

b) Sobald der Reis fertig ist, erhitzen Sie das Öl in einer großen Pfanne. Fügen Sie die Zwiebel und optionale Chilischoten hinzu und braten Sie sie bei mittlerer Hitze goldbraun an.

c) Den Reis und alle restlichen Zutaten außer den Nüssen, Salz und Pfeffer unterrühren. Bei schwacher Hitze unter häufigem Rühren etwa 8 bis 10 Minuten kochen lassen, damit sich die Aromen vermischen.

d) Die Nüsse unterrühren, mit Salz und Pfeffer würzen und servieren.

# 69. Cha-Cha-Cha-Bowl mit Bohnen und Reis

Portionen: 6

ZUTATEN
2 Esslöffel Olivenöl
2 Knoblauchzehen, gehackt
1 Tasse geschnittene Zwiebel
1 Tasse geschälter, in Scheiben geschnittener Sellerie
1 Tasse geschnittene Karotten
1 Teelöffel Chilipulver
¼ Tasse gewürfelte grüne Chilis aus der Dose
1 Pfund Pintobohnen
¼ Zwiebel, grob geschnitten
1 Fett 263 Kalorien
2 Tassen geschnittene Pilze
2 Tassen gekochte einfache schwarze Bohnen
½ Tasse Bohnenbrühe reservieren
2 Esslöffel gehackter Koriander
Salz und Pfeffer nach Geschmack
3 Tassen gekochter Langkornreis
1 Esslöffel Zitronensaft
2 Teelöffel Salz oder nach Geschmack

ZUTATEN
In einem großen, tiefen Topf Olivenöl erhitzen und Knoblauch, Zwiebeln, Sellerie, Karotten und Chilipulver anbraten, bis die Zwiebel glasig ist.
Chilis und Pilze hinzufügen und weitere 5 Minuten anbraten. Bohnen, Bohnenbrühe und Koriander unterrühren. Nach Geschmack würzen.
Abdecken und bei schwacher Hitze etwa 10 Minuten köcheln lassen, dabei gelegentlich umrühren.
Über Reis servieren.

# 70. Rübenpfanne mit Bohnen

Portionen: 2 Personen

ZUTATEN
- 1 Esslöffel Olivenöl
- 2 violette Rüben – geschrubbt, geputzt und gewürfelt
- 3 Tassen Spinat
- 1 15,5-Unzen-Dose Pintobohnen – abgetropft und abgespült
- 1 Esslöffel frischer Ingwer – fein gehackt
- 2 Knoblauchzehen – gepresst oder gehackt
- 1 Esslöffel Honig
- 1 Esslöffel Reisessig
- 2 Esslöffel natriumreduzierte Sojasauce
- 1 Tasse Langkornreis – gekocht, zum Servieren

**RICHTUNGEN**

a) Wenn Sie Reis oder Vollkorn für die Mahlzeit zubereiten müssen, beginnen Sie damit, bevor Sie das Pfannengericht zubereiten.

b) Olivenöl in einer großen Pfanne bei mittlerer Hitze erhitzen. Fügen Sie die Rüben hinzu und kochen Sie sie unter gelegentlichem Rühren/Wenden 8–12 Minuten lang oder bis sie leicht gebräunt und zart sind.

c) Während die Rüben kochen, vermischen Sie Ingwer, Knoblauch, Honig, Reisessig und Sojasauce in einer kleinen Schüssel. Spinat, Bohnen und Soße in die Pfanne geben. 4-6 Minuten kochen lassen, oder bis der Spinat zusammengefallen ist und die Pfanne durchgeheizt ist.

d) Warm über Reis servieren.

# 71. Reis mit Lamm, Dill und Bohnen

Portionen: 8 Portionen

ZUTATEN
2 Esslöffel Butter
1 mittelgroße Zwiebel; schälen und in 0,6 cm dicke Scheiben schneiden
3 Pfund Lammschulter ohne Knochen, gewürfelt
3 Tassen Wasser
1 Esslöffel Salz
2 Tassen ungekochter weißer Langkornreis, eingeweicht und abgetropft
4 Tassen Dill, frisch; fein geschnitten
2 zehn oz. Pintobohnen
8 Esslöffel Butter; geschmolzen
¼ Teelöffel Safranfäden; pulverisiert und in 1 Esslöffel aufgelöst. warmes Wasser

RICHTUNGEN
In einer schweren Kasserolle mit 3 bis 4 Liter Fassungsvermögen und fest schließendem Deckel die 2 Esslöffel Butter bei mäßiger Hitze schmelzen.
Sobald der Schaum nachlässt, die Zwiebeln hinzufügen und unter häufigem Rühren etwa 10 Minuten kochen lassen, oder bis die Scheiben kräftig gebräunt sind. Mit einem Schaumlöffel auf einen Teller geben.
Ungefähr ein halbes Dutzend Stücke auf einmal, die Lammwürfel im restlichen Fett in der Kasserolle anbraten, dabei mit einer Zange oder einem Löffel wenden und die Hitze so regulieren, dass sie eine tiefe und gleichmäßige Farbe bekommen, ohne zu verbrennen. Sobald sie braun sind, die Lammwürfel mit den Zwiebeln auf den Teller geben.
Gießen Sie die 3 Tassen Wasser in den Topf und bringen Sie es bei starker Hitze zum Kochen, während Sie die braunen Partikel, die am Boden und an den Seiten der Pfanne haften, abschaben. Geben Sie das Lammfleisch und die Zwiebel wieder in den Topf, geben Sie das Salz hinzu und reduzieren Sie die Hitze auf eine niedrige Stufe. Gut abdecken und etwa 1 Stunde und 15 Minuten köcheln lassen, oder bis das Lammfleisch zart ist und beim Einstechen mit der Spitze eines kleinen, scharfen Messers keinen Widerstand mehr zeigt. Das Lammfleisch, die Zwiebeln und die gesamte

Kochflüssigkeit in eine große Schüssel geben und den Auflauf beiseite stellen.
Den Backofen auf 350 Grad vorheizen. Bringen Sie 6 Tassen Wasser in einem 5 bis 6-Liter-Topf zum Kochen. Gießen Sie den Reis in einem langsamen, dünnen Strahl hinein, damit das Wasser nicht aufhört zu kochen. Ein- bis zweimal umrühren, 5 Minuten kräftig kochen lassen, dann den Topf vom Herd nehmen, Dill und Bohnen unterrühren und in einem feinen Sieb abtropfen lassen.
Geben Sie etwa die Hälfte der Reismischung in die Kasserolle und befeuchten Sie diese mit einer Tasse Lammfleisch-Kochflüssigkeit. Dann mit einem Spatel oder Löffel die Reismischung an den Rändern der Pfanne verteilen.
Mit einem Schaumlöffel das Lammfleisch und die Zwiebeln wieder in die Kasserolle geben und über dem Reis verteilen.
Anschließend die restliche Reismischung darauf verteilen.
Kombinieren Sie 2 Esslöffel der geschmolzenen Butter mit 6 Esslöffeln der Lammbrühe und gießen Sie sie über den Reis. Den Auflauf bei starker Hitze zum Kochen bringen.
Gut abdecken und in der Mitte des Ofens 30 bis 40 Minuten backen, oder bis die Bohnen weich sind und der Reis die gesamte Flüssigkeit im Auflauf aufgesogen hat.
Zum Servieren etwa eine Tasse der Reismischung in eine kleine Schüssel geben, den aufgelösten Safran hinzufügen und umrühren, bis der Reis leuchtend gelb ist.
Etwa die Hälfte des restlichen Reises auf einer vorgewärmten Platte verteilen und das Lammfleisch darauf anrichten. Bedecken Sie das Lamm mit der restlichen Naturreismischung und garnieren Sie es mit dem Safranreis. Die restlichen 6 Esslöffel geschmolzene Butter darüber gießen.

## 72. Käsige Pintobohnen

Portionen: 4

ZUTATEN
2 Knoblauchzehen
1 Jalapeño
1 Esslöffel Speiseöl
2 15oz. Dosen Pintobohnen
1/4 Teelöffel geräuchertes Paprikapulver
1/4 Teelöffel gemahlener Kreuzkümmel
1/8 Teelöffel frisch gemahlener schwarzer Pfeffer
2 Spritzer scharfe Soße
1/2 Tasse geriebener Cheddar-Käse
2 Portionen Langkornreis, gekocht
RICHTUNGEN
Den Knoblauch fein hacken und die Jalapeño fein würfeln.
Knoblauch, Jalapeño und Speiseöl in einen Topf geben. Den Knoblauch und den Jalapeño bei mittlerer Hitze etwa eine Minute lang anbraten, oder nur so lange, bis der Knoblauch stark duftet.
Geben Sie eine Dose Pintobohnen mit der Flüssigkeit aus der Dose in einen Mixer und pürieren Sie alles, bis eine glatte Masse entsteht.
Die pürierten Bohnen und die zweite Dose Bohnen (abgetropft) mit Knoblauch und Jalapeño in den Soßentopf geben. Zum Kombinieren umrühren.
Die Bohnen mit geräuchertem Paprika, Kreuzkümmel, Pfeffer und scharfer Soße würzen. Umrühren und dann bei mittlerer Hitze erhitzen, dabei gelegentlich umrühren.
Zum Schluss den geriebenen Cheddar dazugeben und verrühren, bis er glatt mit den Bohnen verschmolzen ist. Probieren Sie die Bohnen und passen Sie die Gewürze nach Ihren Wünschen an.
Servieren Sie es mit Reis oder zu Ihrem Lieblingsessen.

## 73. Reis und Bohnen mit Basilikumpesto

Portionen: 4 Portionen

**ZUTATEN**
- Gemüse-Kochspray
- 1 Tasse gehackte Zwiebel
- 1 Tasse ungekochter Langkornreis
- 13¾ Unzen Hühnerbrühe ohne Salzzusatz, (1 Dose)
- 1 Tasse gehackte ungeschälte Tomate
- ¼ Tasse handelsübliche Pesto-Basilikum-Sauce
- 16 Unzen Pintobohnen

**RICHTUNGEN**
a) Bestreichen Sie eine große Pfanne mit Kochspray und stellen Sie sie auf mittlere bis hohe Hitze, bis sie heiß ist.
b) Zwiebel hinzufügen; 2 Minuten anbraten. Reis und Brühe hinzufügen; zum Kochen bringen.
c) Hitze reduzieren und ohne Deckel 15 Minuten köcheln lassen, bis der Reis gar ist und die Flüssigkeit aufgesogen ist.
d) Tomaten, Pestosauce und Bohnen unterrühren; 2 Minuten kochen lassen oder bis es vollständig erhitzt ist.

# 74. Flanksteak mit schwarzen Bohnen und Reis

Portionen: 6 Portionen

**ZUTATEN**
- 1½ Pfund Flankensteak
- 3 Esslöffel Pflanzenöl
- 2 Lorbeerblätter
- 5 Tassen Rinderbrühe
- 4 Esslöffel Olivenöl
- 2 Zwiebeln; gehackt
- 6 Knoblauchzehen; gehackt
- 1 Esslöffel getrockneter Oregano
- 1 Esslöffel gemahlener Kreuzkümmel
- 2 Tomaten; entkernt, gehackt
- Salz; schmecken
- Frisch gemahlener schwarzer Pfeffer; schmecken
- Pintobohnen
- Gekochter weißer Reis
- 2 Esslöffel Pflanzenöl
- 6 Eier

**RICHTUNGEN**

a) Steak mit Salz und Pfeffer würzen. Pflanzenöl in einer schweren, großen Pfanne bei starker Hitze erhitzen. Das Steak dazugeben und anbraten, bis es von allen Seiten gebräunt ist. Lorbeerblätter und Brühe hinzufügen.

b) Hitze reduzieren und langsam köcheln lassen, bis das Steak sehr zart ist, dabei gelegentlich wenden, etwa 2 Stunden.

c) Vom Herd nehmen und das Fleisch in der Brühe abkühlen lassen. Fleisch aus der Brühe nehmen und zerkleinern. 1 Tasse Kochflüssigkeit aufbewahren; Bewahren Sie die restliche Kochflüssigkeit für eine andere Verwendung auf. Olivenöl in einer schweren großen Pfanne bei mittlerer bis

hoher Hitze erhitzen. Zwiebel hinzufügen und goldbraun anbraten.
d) Knoblauch, Oregano und Kreuzkümmel hinzufügen und anbraten, bis es duftet. Tomaten dazugeben und weiterkochen, bis die meiste Flüssigkeit verdampft ist.
e) Fügen Sie zerkleinertes Fleisch und 1 Tasse reservierte Kochflüssigkeit hinzu. Mit Salz und Pfeffer abschmecken. Ordnen Sie Rindfleisch, Reis und Bohnen in drei Reihen auf einer rechteckigen Platte an, wobei der Reis in der Mitte liegt (er sollte wie die venezolanische Flagge aussehen).
f) Pflanzenöl in einer schweren großen Pfanne bei mittlerer Hitze erhitzen. Eier in die Pfanne aufschlagen. Braten, bis es weich ist. Auf Bohnen, Fleisch und Reis servieren.

# 75. Afrikanischer Reis und Bohnen

Portionen: 6

ZUTATEN

½ Tasse Rot-/Palm-/oder Rapsöl, ich habe ½ und ½ verwendet
2-3 Knoblauchzehen gehackt
1 mittelgroße Zwiebel gewürfelt
1 Esslöffel geräuchertes Paprikapulver
1 Teelöffel getrockneter Thymian
½ Scotch Bonnet Pepper oder ½ Teelöffel Cayennepfeffer
4 Tomaten gewürfelt
2 Tassen gewaschener Langkornreis
2 Tassen gekochte Bohnen, schwarze, rote, schwarzäugige Erbsen
4 1/2 – 5 Tassen Hühnerbrühe oder Wasser
1 Esslöffel Salz oder mehr nach Geschmack
1/4 Tasse Krebse optional
1 Teelöffel Hühnerbrühe optional

RICHTUNGEN

Einen Topf mit Öl erhitzen. Dann Zwiebeln, Knoblauch, Thymian, geräuchertes Paprikapulver und Peperoni dazugeben, etwa eine Minute anbraten, Tomaten hinzufügen. Etwa 5-7 Minuten kochen lassen.

Reis in die Pfanne geben; Rühren Sie etwa 2 Minuten lang weiter. Dann Bohnen und 4 1/2 Tassen Hühnerbrühe/Wasser hinzufügen, zum Kochen bringen, Hitze reduzieren und etwa 18 Minuten oder länger köcheln lassen, bis der Reis gar ist. Passen Sie Salz und Pfeffer an. Um Verbrennungen vorzubeugen, muss gelegentlich umgerührt werden.

Warm mit Hühnchen, Eintopf oder Gemüse servieren

# 76. Bohnen- und Reissuppe

Portionen: 4

**ZUTATEN**
- 2 Tassen Hühnchen, gekocht und gewürfelt
- 1 Tasse Langkornreis, gekocht
- 2 15-Unzen-Dosen Pintobohnen, abgetropft
- 4 Tassen Hühnerbrühe
- 2 Esslöffel Taco-Gewürzmischung
- 1 Tasse Tomatensauce

**Belag:**
- Geriebener Käse
- Salsa
- Gehackter Koriander
- Gehackte Zwiebel

Richtungen
Alle Zutaten in einen mittelgroßen Suppentopf geben. Vorsichtig umrühren.
Bei mittlerer Hitze etwa 20 Minuten köcheln lassen, dabei gelegentlich umrühren.
Mit Toppings servieren.

# 77. Chili con Carne

## ZUTATEN

- Hackfleisch/Rinderhackfleisch 500 g
- 1 große Zwiebel gehackt
- 3 Knoblauchzehen
- 2 Dosen gehackte Tomaten 400g
- Spritzer Tomatenpüree
- 1 Teelöffel Chilipulver (oder nach Geschmack)
- 1 Teelöffel gemahlener Kreuzkümmel
- einen Schuss Worcester-Sauce
- Mit Salz und Pfeffer bestreuen
- 1 gehackte rote Paprika
- 1 Dose abgetropfte Kidneybohnen 400 g

Richtungen
Die Zwiebel in einer heißen Pfanne mit Öl anbraten, bis sie fast braun ist, dann gehackten Knoblauch hinzufügen
Das Hackfleisch hinzufügen und rühren, bis es braun ist. Falls gewünscht, überschüssiges Fett abtropfen lassen
Alle getrockneten Gewürze und Gewürze hinzufügen, dann die Hitze reduzieren und gehackte Tomaten hinzufügen
Gut umrühren, Tomatenpüree und Worcestershire-Sauce hinzufügen und etwa eine Stunde köcheln lassen (weniger, wenn Sie es eilig haben).
Die gehackte rote Paprika dazugeben und 5 Minuten weiter köcheln lassen, dann die Dose abgetropfter Kidneybohnen dazugeben und weitere 5 Minuten kochen lassen. Sollte die Chili irgendwann zu trocken werden, einfach etwas Wasser hinzufügen.
Mit Reis, Pellkartoffeln oder Nudeln servieren!

# 78. Klassisches Drei-Bohnen-Chili

Zutaten:
1 Dose schwarze Bohnen, abgetropft und abgespült
1 Dose Kidneybohnen, abgetropft und abgespült
1 Dose Pintobohnen, abgetropft und abgespült
1 Zwiebel, gehackt
2 Knoblauchzehen, gehackt
1 rote Paprika, gehackt
1 Esslöffel Chilipulver
1 Teelöffel Kreuzkümmel
1/2 Teelöffel Paprika
1/4 Teelöffel Cayennepfeffer
2 Dosen gewürfelte Tomaten, nicht abgetropft
2 Tassen Gemüsebrühe
Salz und Pfeffer nach Geschmack
Anweisungen:

In einem großen Topf die Zwiebel, den Knoblauch und die rote Paprika bei mittlerer Hitze anbraten, bis sie weich sind.

Chilipulver, Kreuzkümmel, Paprika und Cayennepfeffer hinzufügen und unter ständigem Rühren 1–2 Minuten kochen lassen.

Tomatenwürfel (mit Saft), Bohnen und Gemüsebrühe hinzufügen.

Das Chili zum Kochen bringen, dann die Hitze reduzieren und 30 Minuten köcheln lassen.

Mit Salz und Pfeffer abschmecken und heiß servieren.

## 79.Quinoa-Chili

Zutaten:

1 Esslöffel Olivenöl
1 Zwiebel, gehackt
2 Knoblauchzehen, gehackt
1 rote Paprika, gehackt
1 grüne Paprika, gehackt
1 Jalapeño-Pfeffer, entkernt und gehackt
1 Tasse Quinoa, abgespült und abgetropft
1 Dose schwarze Bohnen, abgetropft und abgespült
1 Dose Kidneybohnen, abgetropft und abgespült
2 Dosen gewürfelte Tomaten, nicht abgetropft
2 Tassen Gemüsebrühe
1 Esslöffel Chilipulver
1 Teelöffel Kreuzkümmel
1/2 Teelöffel geräuchertes Paprikapulver
Salz und Pfeffer nach Geschmack
Anweisungen:

In einem großen Topf das Olivenöl bei mittlerer Hitze erhitzen.

Zwiebel, Knoblauch, rote Paprika, grüne Paprika und Jalapeño-Pfeffer hinzufügen und anbraten, bis sie weich sind.
Quinoa, Bohnen, Tomatenwürfel, Gemüsebrühe, Chilipulver, Kreuzkümmel und geräuchertes Paprikapulver hinzufügen.
Bringen Sie das Chili zum Kochen, reduzieren Sie dann die Hitze und lassen Sie es 25–30 Minuten köcheln, oder bis die Quinoa gar ist.
Mit Salz und Pfeffer abschmecken und heiß servieren.

# 80. Würziges Chili aus schwarzen Bohnen

Zutaten:

1 Esslöffel Olivenöl
1 Zwiebel, gehackt
2 Knoblauchzehen, gehackt
1 grüne Paprika, gehackt
1 Jalapeño-Pfeffer, entkernt und gehackt
1 Esslöffel Chilipulver
1 Teelöffel Kreuzkümmel
1/2 Teelöffel geräuchertes Paprikapulver
2 Dosen schwarze Bohnen, abgetropft und abgespült
1 Dose gewürfelte Tomaten, nicht abgetropft
2 Tassen Gemüsebrühe
Salz und Pfeffer nach Geschmack
Anweisungen:

In einem großen Topf das Olivenöl bei mittlerer Hitze erhitzen.

Zwiebel, Knoblauch, grüne Paprika und Jalapeño-Pfeffer hinzufügen und anbraten, bis sie weich sind.

Chilipulver, Kreuzkümmel und geräuchertes Paprikapulver hinzufügen und unter ständigem Rühren 1–2 Minuten kochen lassen.

Schwarze Bohnen, Tomatenwürfel und Gemüsebrühe hinzufügen.

Das Chili zum Kochen bringen, dann die Hitze reduzieren und 20–25 Minuten köcheln lassen.

Mit Salz und Pfeffer abschmecken und heiß servieren.

# 81. Rauchiges Chipotle-Süßkartoffel-Chili

Zutaten:

1 Esslöffel Olivenöl
1 Zwiebel, gehackt
2 Knoblauchzehen, gehackt
1 rote Paprika, gehackt
1 Jalapeño-Pfeffer, entkernt und gehackt
2 mittelgroße Süßkartoffeln, geschält und gehackt
1 Dose schwarze Bohnen, abgetropft und abgespült
1 Dose gewürfelte Tomaten, nicht abgetropft
2 Tassen Gemüsebrühe
2 Chipotle-Paprika in Adobo-Sauce, gehackt
1 Teelöffel geräuchertes Paprikapulver
Salz und Pfeffer nach Geschmack
Anweisungen:

In einem großen Topf das Olivenöl bei mittlerer Hitze erhitzen.

Zwiebel, Knoblauch, rote Paprika und Jalapeño-Pfeffer hinzufügen und anbraten, bis sie weich sind.

Fügen Sie die Süßkartoffeln hinzu und braten Sie sie 5–7 Minuten lang an, oder bis sie anfangen, weich zu werden.

Schwarze Bohnen, Tomatenwürfel, Gemüsebrühe, Chipotle-Paprika und geräuchertes Paprikapulver hinzufügen.

Bringen Sie das Chili zum Kochen, reduzieren Sie dann die Hitze und lassen Sie es 25–30 Minuten köcheln, bis die Süßkartoffeln weich sind.

Mit Salz und Pfeffer abschmecken und heiß servieren.

## 82. Linsen-Chili

Zutaten:

1 Esslöffel Olivenöl
1 Zwiebel, gehackt
2 Knoblauchzehen, gehackt
1 rote Paprika, gehackt
1 grüne Paprika, gehackt
1 Jalapeño-Pfeffer, entkernt und gehackt
1 Tasse getrocknete braune Linsen, abgespült und abgetropft
1 Dose gewürfelte Tomaten, nicht abgetropft
2 Tassen Gemüsebrühe
1 Esslöffel Chilipulver
1 Teelöffel Kreuzkümmel
1/2 Teelöffel geräuchertes Paprikapulver
Salz und Pfeffer nach Geschmack

Anweisungen:

In einem großen Topf das Olivenöl bei mittlerer Hitze erhitzen.

Zwiebel, Knoblauch, rote Paprika, grüne Paprika und Jalapeño-Pfeffer hinzufügen und anbraten, bis sie weich sind.

Linsen, Tomatenwürfel, Gemüsebrühe, Chilipulver, Kreuzkümmel und geräuchertes Paprikapulver hinzufügen.

Bringen Sie das Chili zum Kochen, reduzieren Sie dann die Hitze und lassen Sie es 25–30 Minuten köcheln, bis die Linsen weich sind.

Mit Salz und Pfeffer abschmecken und heiß servieren.

## 83. Reissuppe

Portionen: 4

ZUTATEN
4 große Selleriestangen
3 große Karotten
1 mittelgroße weiße Zwiebel
1 Teelöffel getrockneter Thymian
1 Teelöffel getrocknete Petersilie
1 Teelöffel Knoblauchpulver
1 Teelöffel Salz
1/2 Teelöffel gemahlener Salbei
1 Esslöffel Kokos-Aminosäuren
4 Tassen Gemüsebrühe
2 Tassen Wasser
2/3 Tasse langkörniger weißer Reis
1 Dose Pintobohnen (15 oz. Dose)

RICHTUNGEN
Das Gemüse in mundgerechte Stücke schneiden oder würfeln.
Einen großen Topf auf den Herd stellen und mittlere Hitze einschalten. Besprühen Sie den Boden des Topfes mit Avocadoöl oder Olivenölspray. Gemüse hinzufügen.
Kochen Sie das Gemüse 3-4 Minuten lang.
Nach 3-4 Minuten Gewürze, Lorbeerblatt und Kokosnuss-Aminosäuren hinzufügen. Umrühren und noch 1-2 Minuten kochen lassen.
Während das Gemüse kocht, den Reis gut abspülen.
Fügen Sie eine halbe Tasse Gemüsebrühe hinzu und kratzen Sie den Boden/die Seite des Topfes ab, um alle braunen Stücke vom Boden zu entfernen.
Restliche Brühe, Wasser und Reis in den Topf geben. Umrühren und abdecken. Drehen Sie die Hitze auf hoch.
Sobald die Suppe kocht, reduzieren Sie die Hitze auf eine niedrige Stufe und kochen Sie sie 15 Minuten lang.
Während die Suppe kocht, die Bohnen abspülen und abtropfen lassen. Und fügen Sie sie der Suppe hinzu.
Kurz vor dem Servieren die Lorbeerblätter entfernen. Heiß servieren.

# 84. Klassisches Chili

Zutaten:
1 Dose Kidneybohnen, abgetropft und abgespült
1 Dose schwarze Bohnen, abgetropft und abgespült
1 Dose Pintobohnen, abgetropft und abgespült
1 Zwiebel, gehackt
2 Knoblauchzehen, gehackt
1 rote Paprika, gehackt
1 grüne Paprika, gehackt
1 Dose gewürfelte Tomaten
1 Dose Tomatensauce
1 EL Chilipulver
1 TL gemahlener Kreuzkümmel
Salz und Pfeffer nach Geschmack
Anweisungen:

Öl in einem großen Topf bei mittlerer bis hoher Hitze erhitzen.

Zwiebeln, Knoblauch und Paprika hinzufügen und kochen, bis die Zwiebeln glasig sind.

Dosentomaten, Tomatensauce und Gewürze in den Topf geben und gut umrühren.

Bohnen hinzufügen und 15–20 Minuten köcheln lassen.

Mit Salz und Pfeffer abschmecken.

# 85. Truthahn und weiße Bohnen-Chili

Zutaten:

1 EL Olivenöl
1 Pfund gemahlener Truthahn
1 Zwiebel, gehackt
2 Knoblauchzehen, gehackt
2 Dosen weiße Bohnen, abgetropft und abgespült
1 Dose gewürfelte Tomaten
2 Tassen Hühnerbrühe
2 TL Chilipulver
1 TL Kreuzkümmel
Salz und Pfeffer nach Geschmack
Anweisungen:

Olivenöl in einem großen Topf bei mittlerer bis hoher Hitze erhitzen.

Putenhackfleisch, Zwiebeln und Knoblauch hinzufügen und kochen, bis der Truthahn gebräunt ist.

Dosentomaten, Hühnerbrühe und Gewürze in den Topf geben und gut umrühren.

Weiße Bohnen hinzufügen und 20–25 Minuten köcheln lassen.

Mit Salz und Pfeffer abschmecken.

# 86. Butternusskürbis und schwarze Bohnen-Chili

Zutaten:

2 EL Olivenöl
1 Zwiebel, gehackt
3 Knoblauchzehen, gehackt
1 Butternusskürbis, geschält und gehackt
1 Dose schwarze Bohnen, abgetropft und abgespült
1 Dose gewürfelte Tomaten
2 Tassen Gemüsebrühe
2 TL Chilipulver
1 TL Kreuzkümmel
Salz und Pfeffer nach Geschmack
Anweisungen:

Olivenöl in einem großen Topf bei mittlerer bis hoher Hitze erhitzen.

Zwiebeln, Knoblauch und Butternusskürbis hinzufügen und 5-7 Minuten kochen lassen.

Dosentomaten, Gemüsebrühe und Gewürze in den Topf geben und gut umrühren.

Schwarze Bohnen hinzufügen und 20-25 Minuten köcheln lassen, bis der Butternusskürbis weich ist.

Mit Salz und Pfeffer abschmecken.

# 87. Slow Cooker Hühnchen und schwarze Bohnen-Chili

Zutaten:

1 Pfund Hähnchenbrust ohne Knochen und ohne Haut, gehackt
1 Zwiebel
2 Knoblauchzehen, gehackt
1 Dose schwarze Bohnen, abgetropft und abgespült
1 Dose gewürfelte Tomaten
2 Tassen Hühnerbrühe
2 TL Chilipulver
1 TL Kreuzkümmel
Salz und Pfeffer nach Geschmack
Anweisungen:

Alle Zutaten in einen Slow Cooker geben und umrühren.

6–8 Stunden auf niedriger Stufe oder 3–4 Stunden auf hoher Stufe garen.

Mit Salz und Pfeffer abschmecken.

## 88. Quinoa und schwarze Bohnen-Chili

Zutaten:

1 EL Olivenöl
1 Zwiebel, gehackt
2 Knoblauchzehen, gehackt
1 rote Paprika, gehackt
1 Dose schwarze Bohnen, abgetropft und abgespült
1 Dose gewürfelte Tomaten
2 Tassen Gemüsebrühe
1/2 Tasse Quinoa
2 TL Chilipulver
1 TL Kreuzkümmel
Salz und Pfeffer nach Geschmack
Anweisungen:

Olivenöl in einem großen Topf bei mittlerer bis hoher Hitze erhitzen.

Zwiebeln, Knoblauch und Paprika hinzufügen und kochen, bis die Zwiebeln glasig sind.

Dosentomaten, Gemüsebrühe, Quinoa und Gewürze in den Topf geben und gut umrühren.

Schwarze Bohnen hinzufügen und 20–25 Minuten köcheln lassen, bis die Quinoa weich ist.

Mit Salz und Pfeffer abschmecken.

# 89. Rindfleisch-Bohnen-Chili

Zutaten:

1 Pfund Rinderhackfleisch
1 Zwiebel, gehackt
2 Knoblauchzehen, gehackt
1 Dose Kidneybohnen, abgetropft und abgespült
1 Dose gewürfelte Tomaten
2 Tassen Rinderbrühe
2 TL Chilipulver
1 TL Kreuzkümmel
Salz und Pfeffer nach Geschmack
Anweisungen:

Rinderhackfleisch in einem großen Topf bei mittlerer bis hoher Hitze braten, bis es braun ist.

Zwiebeln und Knoblauch hinzufügen und kochen, bis die Zwiebeln glasig sind.

Dosentomaten, Rinderbrühe und Gewürze in den Topf geben und gut umrühren.

Kidneybohnen hinzufügen und 20–25 Minuten köcheln lassen.

Mit Salz und Pfeffer abschmecken.

## 90. Linsen- und schwarze Bohnen-Chili

Zutaten:

2 EL Olivenöl
1 Zwiebel, gehackt
2 Knoblauchzehen, gehackt
1 rote Paprika, gehackt
1 Dose schwarze Bohnen, abgetropft und abgespült
1 Dose gewürfelte Tomaten
2 Tassen Gemüsebrühe
1 Tasse getrocknete Linsen, abgespült und abgetropft
2 TL Chilipulver
1 TL Kreuzkümmel
Salz und Pfeffer nach Geschmack
Anweisungen:

Olivenöl in einem großen Topf bei mittlerer bis hoher Hitze erhitzen.

Zwiebeln, Knoblauch und Paprika hinzufügen und kochen, bis die Zwiebeln glasig sind.

Dosentomaten, Gemüsebrühe, Linsen und Gewürze in den Topf geben und gut umrühren.

Schwarze Bohnen hinzufügen und 25–30 Minuten köcheln lassen, bis die Linsen weich sind.

Mit Salz und Pfeffer abschmecken.

# 91. Schweinefleisch und weiße Bohnen-Chili

Zutaten:
1 Pfund Schweineschulter, getrimmt und gehackt
1 Zwiebel, gehackt
2 Knoblauchzehen, gehackt
2 Dosen weiße Bohnen, abgetropft und abgespült
1 Dose gewürfelte Tomaten
2 Tassen Hühnerbrühe
2 TL Chilipulver
1 TL Kreuzkümmel
Salz und Pfeffer nach Geschmack
Anweisungen:

Schweineschulter in einem großen Topf bei mittlerer bis hoher Hitze braten, bis sie braun ist.
Zwiebeln und Knoblauch hinzufügen und kochen, bis die Zwiebeln glasig sind.
Dosentomaten, Hühnerbrühe und Gewürze in den Topf geben und gut umrühren.
Weiße Bohnen hinzufügen und 20–25 Minuten köcheln lassen.
Mit Salz und Pfeffer abschmecken.

# 92. Truthahn und Bohnen-Chili

Zutaten:

1 Pfund gemahlener Truthahn
1 Zwiebel, gehackt
2 Knoblauchzehen, gehackt
1 Dose Kidneybohnen, abgetropft und abgespült
1 Dose schwarze Bohnen, abgetropft und abgespült
1 Dose gewürfelte Tomaten
2 Tassen Hühnerbrühe
2 TL Chilipulver
1 TL Kreuzkümmel
Salz und Pfeffer nach Geschmack
Anweisungen:

Das Putenhackfleisch in einem großen Topf bei mittlerer bis hoher Hitze braten, bis es braun ist.

Zwiebeln und Knoblauch hinzufügen und kochen, bis die Zwiebeln glasig sind.

Dosentomaten, Hühnerbrühe und Gewürze in den Topf geben und gut umrühren.

Kidneybohnen und schwarze Bohnen hinzufügen und 20–25 Minuten köcheln lassen.

Mit Salz und Pfeffer abschmecken.

# 93. Süßkartoffel und schwarze Bohnen-Chili

Zutaten:

2 EL Olivenöl
1 Zwiebel, gehackt
2 Knoblauchzehen, gehackt
1 rote Paprika, gehackt
1 große Süßkartoffel, geschält und gewürfelt
1 Dose schwarze Bohnen, abgetropft und abgespült
1 Dose gewürfelte Tomaten
2 Tassen Gemüsebrühe
2 TL Chilipulver
1 TL Kreuzkümmel
Salz und Pfeffer nach Geschmack
Anweisungen:

Olivenöl in einem großen Topf bei mittlerer bis hoher Hitze erhitzen.

Zwiebeln, Knoblauch und Paprika hinzufügen und kochen, bis die Zwiebeln glasig sind.

Süßkartoffel, Dosentomaten, Gemüsebrühe und Gewürze in den Topf geben und gut umrühren.

Schwarze Bohnen hinzufügen und 25–30 Minuten köcheln lassen, bis die Süßkartoffel weich ist.

Mit Salz und Pfeffer abschmecken.

## 94. Rindfleisch und Speckbohnen-Chili

Zutaten:

1 Pfund Rinderhackfleisch
4 Scheiben Speck, gewürfelt
1 Zwiebel, gehackt
2 Knoblauchzehen, gehackt
1 Dose Kidneybohnen, abgetropft und abgespült
1 Dose gewürfelte Tomaten
2 Tassen Rinderbrühe
2 TL Chilipulver
1 TL Kreuzkümmel
Salz und Pfeffer nach Geschmack
Anweisungen:

Speck in einem großen Topf bei mittlerer Hitze knusprig braten. Aus dem Topf nehmen und beiseite stellen.

Hackfleisch in den Topf geben und anbraten, bis es braun ist.

Zwiebeln und Knoblauch hinzufügen und kochen, bis die Zwiebeln glasig sind.

Dosentomaten, Rinderbrühe und Gewürze in den Topf geben und gut umrühren.

Kidneybohnen hinzufügen und 20–25 Minuten köcheln lassen.

Mit Salz und Pfeffer abschmecken. Mit knusprigem Speck belegen.

## 95. Butternusskürbis und Kichererbsen-Chili

Zutaten:

2 EL Olivenöl
1 Zwiebel, gehackt
2 Knoblauchzehen, gehackt
1 rote Paprika, gehackt
1 kleiner Butternusskürbis, geschält und gewürfelt
1 Dose Kichererbsen, abgetropft und abgespült
1 Dose gewürfelte Tomaten
2 Tassen Gemüsebrühe
2 TL Chilipulver
1 TL Kreuzkümmel
Salz und Pfeffer nach Geschmack
Anweisungen:

Olivenöl in einem großen Topf bei mittlerer bis hoher Hitze erhitzen.
Zwiebeln, Knoblauch und Paprika hinzufügen und kochen, bis die Zwiebeln glasig sind.
Butternusskürbis, Dosentomaten, Gemüsebrühe und Gewürze in den Topf geben und gut umrühren.
Kichererbsen hinzufügen und 25–30 Minuten köcheln lassen, bis der Kürbis weich ist.
Mit Salz und Pfeffer abschmecken.

## 96. Hühnchen-Chili mit weißen Bohnen und Limette

Zutaten:
1 Pfund Hähnchenbrust ohne Knochen und Haut, in mundgerechte Stücke geschnitten
1 Zwiebel, gehackt
2 Knoblauchzehen, gehackt
1 Dose weiße Bohnen, abgetropft und abgespült
1 Dose gewürfelte Tomaten
2 Tassen Hühnerbrühe
Saft von 1 Limette
2 TL Chilipulver
1 TL Kreuzkümmel
Salz und Pfeffer nach Geschmack
Anweisungen:

Hähnchen in einem großen Topf bei mittlerer bis hoher Hitze braten, bis es braun ist.

Zwiebeln und Knoblauch hinzufügen und kochen, bis die Zwiebeln glasig sind.

Dosentomaten, Hühnerbrühe, Limettensaft und Gewürze in den Topf geben und gut umrühren.

Weiße Bohnen hinzufügen und 20–25 Minuten köcheln lassen.

Mit Salz und Pfeffer abschmecken.

# 97. Rindfleisch-Bohnen-Chili mit Bier

Zutaten:

1 Pfund Rinderhackfleisch
1 Zwiebel, gehackt
2 Knoblauchzehen, gehackt
1 Dose Kidneybohnen, abgetropft und abgespült
1 Dose gewürfelte Tomaten
1 Tasse Bier
2 Tassen Rinderbrühe
2 TL Chilipulver
1 TL Kreuzkümmel
Salz und Pfeffer nach Geschmack
Anweisungen:

Rinderhackfleisch in einem großen Topf bei mittlerer bis hoher Hitze braten, bis es braun ist.

Zwiebeln und Knoblauch hinzufügen und kochen, bis die Zwiebeln glasig sind.

Dosentomaten, Bier, Rinderbrühe und Gewürze in den Topf geben und gut umrühren.

Kidneybohnen hinzufügen und 20-25 Minuten köcheln lassen.

Mit Salz und Pfeffer abschmecken.

# 98. Marokkanisches Lamm-Chili

Zutaten:

2 Pfund Lammhackfleisch
2 EL Olivenöl
1 große Zwiebel, gehackt
4 Knoblauchzehen, gehackt
2 rote Paprika, gehackt
1 Dose (28 oz) gewürfelte Tomaten, nicht abgetropft
2 Dosen (je 15 oz) Kichererbsen, abgetropft und abgespült
2 EL Harissa-Paste
1 TL gemahlener Zimt
1/2 TL gemahlener Ingwer
Salz und Pfeffer nach Geschmack
Anweisungen:

Olivenöl in einem großen Topf bei mittlerer bis hoher Hitze erhitzen.

Zwiebel und Knoblauch dazugeben und anbraten, bis die Zwiebel glasig ist.

Lammhackfleisch dazugeben und anbraten, bis es braun ist.

Rote Paprika dazugeben und 5 Minuten weitergaren.

Gewürfelte Tomaten, Kichererbsen, Harissa-Paste, Zimt, Ingwer, Salz und Pfeffer hinzufügen.

Zum Kochen bringen, dann die Hitze reduzieren und 30 Minuten köcheln lassen.

Heiß servieren und genießen!

# 99. Irisches Lamm-Chili

Zutaten:

2 Pfund Lammhackfleisch
2 EL Olivenöl
1 große Zwiebel, gehackt
4 Knoblauchzehen, gehackt
2 rote Paprika, gehackt
1 Dose (28 oz) gewürfelte Tomaten, nicht abgetropft
2 Dosen (je 15 oz) Cannellini-Bohnen, abgetropft und abgespült
1 Flasche irisches Stout-Bier
2 EL Tomatenmark
1 EL brauner Zucker
1 EL Worcestershire-Sauce
1 TL getrockneter Thymian
Salz und Pfeffer nach Geschmack
Anweisungen:

Olivenöl in einem großen Topf bei mittlerer bis hoher Hitze erhitzen.

Zwiebel und Knoblauch dazugeben und anbraten, bis die Zwiebel glasig ist.

Lammhackfleisch dazugeben und anbraten, bis es braun ist.

Rote Paprika dazugeben und 5 Minuten weitergaren.

Gewürfelte Tomaten, Cannellini-Bohnen, Irish Stout Beer, Tomatenmark, braunen Zucker, Worcestershire-Sauce, Thymian, Salz und Pfeffer hinzufügen.

Zum Kochen bringen, dann die Hitze reduzieren und 30 Minuten köcheln lassen.

Heiß servieren und genießen!

## 100. Frucht-Chili-Suppe

Zutaten:

2 Esslöffel Olivenöl
1 große Zwiebel, gehackt
4 Knoblauchzehen, gehackt
1 rote Paprika, gehackt
1 grüne Paprika, gehackt
2 Jalapeño-Paprikaschoten, entkernt und gehackt
1 Dose (28 Unzen) gewürfelte Tomaten, nicht abgetropft
4 Tassen Gemüse- oder Hühnerbrühe
1 Teelöffel gemahlener Kreuzkümmel
1 Teelöffel Chilipulver
1 Teelöffel getrockneter Oregano
1 Teelöffel Salz
1/2 Teelöffel schwarzer Pfeffer
2 Tassen gehackte gemischte Früchte (wie Ananas, Mango und Pfirsich)
Saft von 1 Limette
1/4 Tasse gehackter frischer Koriander
Anweisungen:

Olivenöl in einem großen Topf bei mittlerer bis hoher Hitze erhitzen.
Zwiebel und Knoblauch dazugeben und anbraten, bis die Zwiebel glasig ist.
Fügen Sie rote und grüne Paprika sowie Jalapeño-Paprika hinzu und kochen Sie das Ganze 5 Minuten lang weiter.
Gewürfelte Tomaten, Brühe, Kreuzkümmel, Chilipulver, Oregano, Salz und Pfeffer hinzufügen. Zum Kochen bringen, dann die Hitze reduzieren und 15 Minuten köcheln lassen.
Gehackte gemischte Früchte, Limettensaft und Koriander hinzufügen und weitere 5 Minuten kochen lassen.
Heiß servieren und genießen!

# ABSCHLUSS

Wir hoffen, dass dieses Kochbuch Sie dazu inspiriert hat, die reichhaltige und würzige Welt von Chili zu erkunden. Mit 100 köstlichen und einzigartigen Rezepten zur Auswahl können Sie Ihren Gaumen aufwärmen und Ihre Freunde und Familie mit Ihren Kochkünsten beeindrucken.

Aber dieses Kochbuch ist nur der Anfang. Wir ermutigen Sie, mit neuen Zutaten und Techniken zu experimentieren, um diese Rezepte zu Ihren eigenen zu machen. Bei Chili dreht sich alles um kräftige und würzige Aromen, und mit ein wenig Kreativität können Sie Ihre eigenen, einzigartigen Gerichte kreieren, die Ihren eigenen Geschmack und Stil widerspiegeln.

Vielen Dank, dass Sie uns auf dieser Reise begleiten, um die Kunst des Chili-Kochens zu entdecken. Wir hoffen, dass Ihnen dieses Kochbuch die Werkzeuge und Inspirationen gegeben hat, um köstliche und schmackhafte Gerichte zu kreieren, die Sie selbst an den kältesten Tagen wärmen. Viel Spaß beim Kochen!

www.ingramcontent.com/pod-product-compliance
Lightning Source LLC
Chambersburg PA
CBHW070352120526
44590CB00014B/1106